吳靜吉博士策劃

大衆心理學叢書

每册都包含你可以面對一切問題的根本知識

185

好心境・好創意

大眾心理學叢書⑱⑤

好心境・好創意

◆尋找生活的光、熱與寧靜◆

作　　者／鄭石岩
策　　劃／吳靜吉博士
主　　編／林淑愼
責任編輯／洪閔慧

發 行 人／王榮文
出版發行／遠流出版事業股份有限公司
臺北市汀州路3段184號7樓之5
郵撥／0189456-1
電話／365-1212　電傳／365-7979
法律顧問／王秀哲律師・董安丹律師
著作權顧問／蕭雄淋律師

印　　刷／優文印刷股份有限公司
□1997年1月1日　初版一刷

行政院新聞局局版臺業字第1295號
售價180元（缺頁或破損的書，請寄回更換）

ISBN 957-32-3136-0

好心境・好創意

鄭石岩　著

《大眾心理學叢書》出版緣起

王榮文

一九八四年，在當時一般讀者眼中，心理學還不是一個日常生活的閱讀類型，它還只是學院門牆內一個神秘的學科，就在歐威爾立下預言的一九八四年，我們大膽推出《大眾心理學全集》的系列叢書，企圖雄大地編輯各種心理學普及讀物，迄今已出版達二百種。

《大眾心理學全集》的出版，立刻就在台灣、香港得到旋風式的歡迎，翌年，論者更以「大眾心理學現象」爲名，對這個社會反應多所論列。這個閱讀現象，一方面使遠流出版公司後來與大眾心理學有著密不可分的聯結印象，一方面也解釋了台灣社會在羣體生活日趨複雜的背景下，人們如何透過心理學知識掌握發展的自我改良動機。

但十年過去，時代變了，出版任務也變了。儘管心理學的閱讀需求持續不衰，我們仍要虛心探問：今日中文世界讀者所要的心理學書籍，有沒有另一層次的發展？

在我們的想法裡，「大眾心理學」一詞其實包含了兩個內容：一是「心理學」，指出叢書的範圍，但我們採取了更寬廣的解釋，不僅包括西方學術主流的各種心理科學，也包括規範性的東方心性之學。二是「大衆」，我們用它來描述這個叢書「閱讀介面」，大衆，是一種語調，也是一種承諾（一種想爲「共通讀者」服務的承諾）。

經過十年和二百種書，我們發現這兩個概念經得起考驗，甚至看來加倍清晰。但叢書要打交道的讀者組成變了，叢書內容取擇的理念也變了。

從讀者面來說，如今我們面對的讀者更加廣大、也更加精細(sophisticated)；這個叢書同時要了解高度都市化的香港、日趨多元的台灣，以及面臨巨大社會衝擊的中國沿海城市，顯然編輯工作是需要梳理更多更細微的層次，以滿足不同的社會情境。

從內容面來說，過去《大衆心理學全集》強調建立「自助諮詢系統」，並揭櫫「每冊都解決一個或幾個你面臨的問題」。如今「實用」這個概念必須有新的態度，一切知識終極都是實用的，而一切實用的卻都是有限的。這個叢書將在未來，使「實用的」能夠與時俱進(update)，卻要容納更多「知識的」，使讀者可以在自身得到解決問題的力量。新的承諾因而改寫爲「每冊都包含你可以面對一切問題的根本知識」。

在自助諮詢系統的建立，在編輯組織與學界連繫，我們更將求深、求廣，不改初衷。

這些想法，不一定明顯地表現在「新叢書」的外在，但它是編輯人與出版人的內在更新，叢書的精神也因而有了階段性的反省與更新，從更長的時間裡，請看我們的努力。

編輯室報告

有鑑於社會之高度開發，甚而過度開發，不斷追求效率的結果，使人變得忙碌而脫離生活，情緒狀況普遍不佳。個人處於開放的社會中，因欠缺逐步建構的精神與料，心靈顯得匱乏空洞，極易被外慾引誘而遷流或導致徬徨無依。

社會變遷的急流，既不能回歸過往農業社會的封閉情境，又不能長令其無規則可循，我們此刻正處於亟待建立心靈生活規則、充實其內容的時代。

鄭石岩先生對於心靈生活之研究有厚實的理論基礎及豐富的實務經驗，他融冶東西方心靈生活之精奧於一爐，經由實踐力行及助人，證驗其實用價值。其發表之著作及演講，諸多有關心靈開展之實用論述及技巧，均甚受讀者和聽眾喜愛。

台北市立圖書館及遠流出版公司於八十五年暑假，力邀鄭先生，透過東方禪學及西方心理學之觀點，假台北市立圖書館志清堂，連續作了七場關於心靈生活紀律建構爲主題之演講，場場爆滿，連走道上都站滿了人，且盛況愈近尾聲愈烈，可見社會大衆對心靈生活實用知識之重視及鄭先生演講內容之精實。

該系列演講除製作成錄音帶外，還特別商請鄭先生於百忙中，抽空將之綜合整理成書。本書雖源自演講結集，惟已脫胎換骨，然仍不失其原義，對心理健康、情緒陶冶、心靈開拓及適應社會變遷能力，都有很大的助益。

保持開闊自由的心境，就擁有海闊天空的機會和創造力。本書共分七章，揭示培養好心境和陶冶好創意的方法：調理自己的心境，不因強求與臆測而迷失；涵養精神能量，避免耗竭與激化；打開塵封的心結，勿爲成見所障蔽；把握單純的態度，成就慈悲喜捨的人生智慧；透過禪坐見自性，過有創意的生活；接納自己、破除執著，培養生活中的悅樂；開展溫馨的人際互動，在大愛中體現幸福人生。

謹推薦本書給希望保持好心境、擁有好創意的讀者。

（史東籬執筆）

好心境・好創意

目錄

自序

依我的觀察，生活得有活力，熱心於助人又能積極於開拓前程的人，有著一種共同的特性，他們的精神生活有光有熱，同時涵藏著深邃的思考力和寧靜。

由於工作的關係，我有機會接近許多名人，甚至與他們共事。我常被他們的創意、能力和寧靜所折服，他們的心胸開闊，能保持良好的心境，而且熱心公益。當然，我還有另一方面的體認，它來自多年的心理諮商與輔導的經驗。對於深陷痛苦泥淖、精神生活不振的人，也有一些發現：他們的思想封閉，心理畏懼不安，出發點往往是為了自己。因此他們很容易鑽牛角尖，打不開寬大的襟懷。

這兩種人呈現了不同的心境，一種是顯露著積極和進取，另一個則表現出憂鬱和退縮。兩者的生活態度也有差異：前者勇於開拓和成長，後者則是表現得保守狹隘。依我的觀察，生命的核心問題是：誰保持了開闊自由的心境，誰就擁有海闊天空的機會和創造力。兩者似乎分不開，而且互相影響。也就是說，創造力差的人，相對的他們的心境也不好。

本書的旨趣，在於揭示培養好心境和陶冶好創意的方法。書中蒐集了許多研究，參考古典的文獻，並在助人的實際經驗中加以驗證。我曾將它區隔成七個主題，在八十五年暑假，假台北市立圖書館，做了七場演講。其內涵包括：調理自己的心境、涵養精神能量、打開塵封的心結、把握單純的態度、過有創意的生活、培養生活中的悅樂和開展溫馨的人際互動等。

這連續七場演講，大禮堂坐無虛席，連兩側的走道都站滿了人。大家對心靈生活的重視，由此可見。爲使讀者也能分享這些寶貴的知識，遠流出版公司董事長王榮文先生，一再相邀整理成書。他的熱心令我感動，特在百忙中勉力爲之。

好心境、好創意是每一個人應該關心的課題，它既是個人開展潛能的關鍵，亦是家庭生活和學校教育所必須重視的教學內涵。希望本書能爲讀者帶來新的生活態度和視野，並引起大家對陶冶心境和創意的重視。

本書是演講錄音整理出來的，保持相當的口語化，它具有淺白易懂的特色，讀起來很像在聽演講，這也是本書的特色。最後，我要感謝遠流出版公司編輯部同仁的協助，更要向內子秀貞爲本書校正和提供意見表示感謝。

第一章
調理自己的心境

好心境有益於健康，
有助於創意的開啓，
更有益於愛和
人際的溫暖。

心境好，眉開眼笑，就顯得事事順利。心境差，愁眉苦臉，好運之神看到你都想躲開。我們可以說，心境不好是由於精神壓力所造成的，這些壓力來自緊張、憤怒、過度的憂傷和性急等等。這些心境都能使人類腦前葉分泌一種化學物質，可能是一種神經肽（neuropeptide）或一種酵素，干擾腦部，而可能導致心律不整和猝死。此外，心境對於身體的免疫力，也有一定的影響，心情不好的人比較容易致病，已是不爭的事實。

心境與一個人的創意有關，好心境有益於創造思考。人類的創造發明，是在悠然神馳中，珍貴的點子才浮現出來的。

好心境有益於健康，有益於創造，有益於人際互動。但好心境需要人去培養。我們不可能事事如意，讓自己滿面春風；事實上，不如意的事十有八九，你若不懂得調理心境，培養好的心情，就注定要生活在憂愁和痛苦中。

現代人生活在緊張忙碌的環境裡，有許多事情由不得你，因此除了調整自己之外，別無改善之道。所以調整心境成爲現代人必要的日課。諸如學習鬆弛技術、練習瑜伽、保持運動習慣、安排休閒等等都有助益。不過，我要提出幾個重要原則供你調整心境時作參考，那就是：擁抱好心境、保持稚子的天真、避免強求之患、不亂作臆測、放下妄心和涵養愛心。

擁抱好心境

人在心情不好的時候，會不自覺地把壞心情抱得更緊；閉門不跟人說話，嘟著嘴生悶氣，鎖著眉頭胡思亂想，結果心情更壞、更難過。所以，人要學習放下壞心情，拒絕被它折磨才行。

若你想圖個好心情，就得從原有的壞心情中開脫，從煩惱的死胡同中走出來。請注意，肯放下心情的包袱，好好檢視清楚，看看哪些是事實，把它留下來，設法解決；哪些是垃圾，是給自己製造困擾的，要狠下心來，把它拋開，這就能應付自如，帶來好心情和清醒的頭腦。因此，人人都該學放下、學割捨。

□放下才得救

談到放下與割捨，禪宗有一則故事，講得很生動、深具啓發性，我常常拿來砥礪自己。這故事大略是：有一位旅者，經過險峻的懸崖，一不小心掉落山谷，情急之下攀抓住崖壁上的樹枝，上下不得，祈求佛慈悲營救。這時佛陀眞的出現了，祂伸手過去接他，並說：「好！現在你把攀住樹枝的手放下。」但是旅者執迷不肯鬆手，他說：「把手一放，勢必掉到萬丈深淵，粉身碎骨。」旅者這時反而更抓緊樹枝，不肯放下。這樣一位執迷不悟的人，佛陀也救不了他。

壞心情就是緊抓住某個念頭，死死握緊，不肯鬆手去尋找新的機會，發現新的思考空間，所以陷入愁雲慘霧。其實，人只要肯換個想法，調整一下態度，或者更動一下作息，就能讓自己有新的心境。只要你肯稍做改變，就能拋開壞心情，迎接新的處境。

有一位朋友，習慣性地愁眉苦臉，小小的事情就會令她不安、緊張。孩子的成績不好，會令她一整天憂心，先生幾句無心的話，會令她黯然神傷。她說，幾乎每一件事情，都會在她的心中盤踞很久，造成壞心情，影響生活和工作。有一天，她有個重要的會議，但是沮喪的心情卻揮之不去，看看鏡子裡自己的面龐，顯得無精打采。她打了電話問我：「該怎麼辦？我的心情沮喪，我的模樣憔悴、沒有精神，怎麼因應重要的會議呢？」

我告訴她：「把令妳沮喪的事放下，洗把臉，把無精打采的塵勞洗掉，修飾一下儀容以增強自信，想著自己就是得意快樂的人。注意！裝成高興和充滿自信的樣子，你的心情會好起來。很快你就會談笑風生、笑容可掬。」

她照著去做，當天晚上在電話中她告訴我：「老師！我成功地參加這次會議，爭取到新的計畫和工作。我沒想到強裝信心，信心眞的會來；裝著心情好，壞心情自然消失，非常感謝你的指導。」我告訴她，這就是禪宗所謂「提起正念」，也是心理治療上的技巧。

□思想改變情緒

在電話中，我又告訴她基本的原則：「人要懂得改變情緒，才能改變思想和行爲。這三個因素是交互影響的，思想改變，情緒會跟著改變。我建議她以後要特別留意練習幾則技巧：

- 當你需要打起精神，應付一件事情時，可以用今天的方法。
- 經常培養好心情；認清壞心情的背後，一定有不少垃圾思想和消極情緒，要把它們掃地出門。
- 多讀勵志的書，它能給你許多改變情緒的效果。
- 注意你的儀容：挺直身子，抬起頭來，衣著要端莊。萎靡不振的表情是招惹霉運的根本原因。

・學習在危機中保持冷靜，在緊張時給自己鬆弛的機會，如運動、靜坐、旅行等等。

美國加州大學心理學家艾克曼（Paul Ekman）曾做過實驗，要受試者裝出驚訝、厭惡、憂傷、憤怒、恐懼和快樂等表情，當即發現他們的身心跟著起了變化。受試者假裝害怕時，他們的心跳加速，皮膚溫度降低；表現其他五種情緒時，也有不同的變化。你怎麼裝，心情就怎麼改變。

禪者指出「萬法唯心造」，你想活得高興，就得想像有好心境。想要攆走壞情緒，就得提醒自己，從死胡同中走出來，去擁抱好心情。

保持稚子心

稚子的天眞，使人保持喜悅、活力和學習的專注。常懷赤子心能使人慈悲喜樂，更重要的是它能帶來寬容、好奇和活潑的創意。依我的觀察，愈能保存天眞活潑的人，愈能保持好心境，他們回應挫折的能力，也較一般人好。

人免不了會碰到緊張、憤怒和壓力，但只要心懷稚子之情，許多新奇的事會沖淡愁容和困頓。我常教人如何向稚子或兒童學習，從中領略無盡的滋味。在此，我願意說一個個人的體驗。

□鴿子的啓示

一個夏日的午後，雷電交加、大雨滂沱。我站在書房的窗前，眺望青山，欣賞起伏的山巒，緜延到屋外的公園。雷霆萬鈞的雨勢，斜灑在空中，滴落在綠油油的青叢。雨聲蓋過一切，彷彿一切都靜止了，除了銀鬚般的閃電和朦朧的霧氣外，只照見自己孤單單的站立著。

驟然我陶醉其中，神往於無限的天際。我隨著山邊人家的那群鴿子，迎風冒雨起飛。牠們在公園繞圈子，急速飛過起伏的山腰，繞過林木的背後，直衝向窗前。然後陡然爬升，又迴轉繞圈子。專注地看著牠們，心中就可以聽到戲雨逞風之樂和歡笑。

在雷雨中，在鴿子的嬉戲飛翔中，我想起兒時的鄉居生活。每逢夏日雷雨，總愛跟著一群孩子在屋外戲雨，踏著水窪，潑弄著雨珠，濺得一身落湯雞才罷休。母親雖然禁止這樣冒雨玩耍，但看到我們盡興的弄雨歡樂，也就睜一隻眼閉一隻眼，讓我們玩個過癮。就像眼前這群鴿子一樣，盡興的嬉戲歡笑。

突然我反問自己：「你多久沒有嘗過這種逍遙和快活了呢？」我心想著：很久了，這種童稚之樂已不復在，我壓根兒就忘了這種樂趣。這時我又不禁對自己說：「何不下去公園冒雨跑幾圈？那傾盆大雨，既潔淨又親切，眼前多麼美好。」我確有衝動，想下去好好地淋一次很久未有的喜樂。但顧忌隨之而來，「冒大雨在公園裡跑步，會不會讓別人看笑話？啊！如果孩子在身邊，我會慫恿他們一起去戲雨奔跑。」不過，只有我一個人在家，即使他們在，也要顧及他們會不會淋出病來。

我想到人們顧慮的事，眞有一籮筐，自己也不例外。考慮到自己，怕別人說閒話，考慮到孩子的種種處境……不禁想起寒山子的一首詩：

「人生不滿百，

常懷千載憂；
自身病始可，
又爲子孫愁。」

唸完這首詩，覺得有些覺察和清醒。雖然不語，換了運動服，穿上布鞋，勇敢地走入雨地，不穿雨衣，不打雨傘，怡然沒有罣礙地享受清涼的滂沱大雨。

年輕的時候，在大雨中耕種，在雷雨交加中挑負番薯，只聽到雨打在頭顱上的聲音，就能令人感受到清靜安定。現在我似乎回到青少年時代的壯碩、綏靖和充滿希望的感覺。我走向山坡，往仙跡巖奔去，發覺大雨中的樹似乎都在歡呼歌唱，綠意更顯露神采。我看到大自然正進行著一次美妙的樂章。

繞了一圈，步行到眞修寺，雨還在下著，我的內心被清洗得一塵不染。走上大殿，用最虔誠的心禮拜，就像善財童子五十三參之後，見到明亮的精神世界一樣。回到家裡，換洗了衣服，晾好它，一切恢復平靜。外頭也雨過天青，我充分享有一次神祕的經驗。

□無心的洗濯

吃過晚飯，秀貞發現了我的祕密。她好奇地問道：「你怎麼會有這樣的興致？」我說：「是那群鴿子邀我一同戲雨的。真痛快，不但令我回憶從前，還讓我體驗無憂之樂。」她接著說：「你又去聆聽無情說法？」「不，這一次是聽有情衆生在說法。」秀貞問：「經上說，聽得到無情說法是覺者；聽得到有情說法又是什麼？」我說：「是無情。」又問：「無情又如何？」我說：「無情能聽萬物說法，能自然覺察如來自性。」

我們在茶餘飯後之中分享了今天的體驗。我說：「如果怕別人見笑，太在意自己或別人的成見，我們就執著在情上，那就是有情；有情令我們享受不到雷電交加之美，親臨大雨傾盆直瀉的景致和情趣。不過，從另一個角度看，如果那群鴿子的戲雨飛馳，不能引起你動容之情，那就不能突破僵化的習氣，突破有情的枷鎖，去張開生活的慧眼。」

「沒錯，只要你被僵化的情緒綑住，就會變得拖泥帶水，生活失去活潑、喜悅和創意。」秀貞接著引用唐朝牛頭法融的禪偈說：

「無心恰恰用，
常用恰恰無；
今說無心處，
不與有心殊。」

聽她引經據典，我不禁讚美：「好一個『無心』，能生無情的般若創意，而孕育了一切生活的美妙和興致。」

避免強求之患

強求是一種不利於生命成長的態度。它表現出負面的情緒壓力，不但對健康極為不利，而且會影響思考，干擾判斷和抉擇。許多研究證實，這項心理壓力與心臟血管疾病有關，而且也是痛風、意外事件的原因。強求是指被強大的壓力和野心所驅使，以致瘋狂地向外追求、需索。

□強求的災難

強求也代表著一股不可遏阻的飢餓感，它令人兩眼昏花，判斷往往會出差錯：在娛樂上呈現迷戀的現象，在生活上則產生疏離和對眞實情感的壓抑。禪家有鑑於此，特別提出簡樸和恬淡，要修持者把握分寸，不宜走入「邊見」。所以宋朝的法演禪師說：

「勢不可以使盡，使盡則禍必至；
福不可以受盡，受盡則緣必孤；
話不可以說盡，說盡則人必易；
規矩不可行盡，行盡則人必繁。」

最近，我回宜蘭家鄉，抽空參觀親友的菓園。在七月的盛夏裡，蓮霧樹上結著累累的菓子。不過仔細看個清楚，菓樹的枝幹上，不是刀痕累累，就是綁著一圈圈的鋼線。於是我問：「爲什麼要用鋼線層層綑綁樹幹呢？枝幹上又怎麼會刀痕累累呢？」

他們說：「這才能逼著菓樹開花結果。除了這麼做之外，要趕在初春噴上激素，才能催它準時開花結果，趕上市場的需要，以爭取好價格。」我聽他們信心十足地說話，也歎服科學研究及農業科技的發達。但是我被一位親友接下來的話所震撼。

他說：「這就像你們辦教育一樣，要嚴管勤教，才能控制教學品質，把孩子送上第一志願。放任的教育是不會有收成的，人本的教育終究會欠收。教育就是要提供更多激勵、補習和磨練，孩子才會努力用功，這些道理都是相通的。」

他頓了頓又說：「你看畜牧養殖，又何嘗不是一樣呢？要餵食營養的飼料，要刺激牲畜發育成長。激素的刺激和控制，是完成滿意答案的手段。你知道嗎？我們連蓮霧樹都餵灑特殊的肥料配方。你看！它們長得多好。教育子女也一樣，刺激、控制和餵食，使盡方法，努力去做，就會有好收成。」

我聽到這兒，覺得有些不對勁兒。我的鄉親們把種植的道理轉移到對子女的教育態度上，我告訴他們這是錯誤的，但他們卻認爲道理是一樣的。爲了避免一時的爭吵，我只能婉轉地勸告，臨去時有些默然和憂心。

□切忌窮追猛打

離開菓園，我回到舅舅家吃午飯，表弟妹們早已聚集，等著我們一起用餐。我們閒聊敍舊，說著說著，談起催迫蓮霧開花結果的事，我有感而發地爲他們上了一課親職教育，告訴他們：「野心和催迫無異摧殘孩子的好奇心和思考的樂趣，不能採取這種揠苗助長的方式，而要自然循序漸進；要培養情感，沃壯孩子們的情緒智商。人類創意的動力來自情感，如果把感情世界催迫成焦慮傾向，那麼生命就會扭曲枯萎。」我說到這裡，高齡的舅舅坐在一旁聽著，他終於開口說話了：

「農家普遍催生強逼菓樹生產的事，是違背自然的作法，應適可而止，不可過份。過度使用激素，會使菓樹依賴農藥，屆時只要你不用它，菓樹就不開花結果。要看入這個層面才行。教育如果也採取殺雞取卵的方式，未免要走向窮途末路了。」

「你看！現在那些菓樹如果不刺激它，長出來的菓子就變得蒼白沒有光澤。野心和強求，會使我們勞頓過度，生命失去光輝。」老人家的話，說中了我的想法和擔憂。於是我問他：「那該怎麼辦呢？」他說：「窮追猛打，急功近利，是現代人的共同錯誤。不是不可以用激素，而是用過頭了，會造成新的難題。人們把強求的耕作方式，應用在對人和生命的態度上，會造成更大的危害。我們必須正視這個問題，因爲我已在日常生活之中看不到自然的事，每天所見所思都是強求。這才是你們辦教育的人應該思考的事。」

茶餘飯後，屋簷下的涼風，卻傳來一句句叩人心弦的警語。舅舅是上了年紀的鄉下仕紳，也是構築海港的資深工程師，他上過高山，下過深海，見過不少世面，最後卻在農舍的屋簷下闡述著眞正的人本哲學。

臆測的危險

人很喜歡臆測，卻往往忘了求眞。我們因臆測而引來許多誤會，也因爲臆測帶來許多錯誤的決策。當然，消極性的臆測也會產生情緒問題，它令人不安，令人憂心如焚。

如果你想讓自己心境清朗、神識清醒，我建議你好好戒除臆測的惡習。我也曾犯過這種毛病，不妨說給你參考。我希望你聽完我的經驗談後，當仔細想想，自己是否也有類似的疏忽。

□疏於求證

星期假日，我最愛和家人一起登山。特別是春和景明的日子，樹木換上新綠春裝，小鳥兒啁啾吟唱。每一次登山都令我忘懷塵勞，流連忘返。我喜歡賞鳥，佇足聆聽鳥語，喜歡看羊腸小徑上的野花，它令我神往其中！

多少年來信步穿梭於林木之間，一種很熟悉的鳥鳴，咕咕迎春歌唱著。孩子們小的時候曾問我「那是什麼鳥？」我會毫無疑問地告訴他們「那是夜鷺」。因爲我的祖父就是這樣告訴我的。最近，內子秀貞卻告訴我，「有人說那是斑鳩。」這引起我的好奇，每一次聽到牠鳴叫，總要屏息躡足去探個究竟。不過這種鳥的叫聲會有迴音，很難找到牠的確切位置，一直無法看清楚。尤其牠很愛棲息在高高樹叢裡，更難看個究竟。

幾天前，兒子爲我買了個望遠鏡。秀貞和我高興地背著它到處踏青，我們多了一個雅好——賞鳥。身上有個千里眼，久久懸在心中的疑問終於解開了。今天山間踏青時，我舉起望遠鏡朝那鳴叫聲看去，赫然出現在鏡頭裡的是五色鳥，牠正在「郭、郭郭……」叫。我恍然大悟，發現祖父把牠看錯了，秀眞聽來的也不正確。我對秀眞說：「撿現成的答案，不加證實思考，是不可靠的。」她說：「對！一廂情願的接納現成答案，跟臆測一樣的危險。」

秀眞接下去說：「你記得嗎？臨濟大師曾說：『達摩東來只是為尋覓一個不被人惑的人。』清楚的覺察，沒有障礙的思考，是禪者的清淨心，不是嗎？」我說：「那麼我的祖父和你的長輩都沒有把它弄清楚就告訴我們答案，那是他們的錯囉？」她答：「不，那是他們的臆測。但現在錯的是我們，因為我們跟著臆測走，我們偏離了禪徑。」

我們輪流用望遠鏡賞鳥，走遍山坡，獵取好幾次五色鳥的鏡頭，今天聽著牠鳴叫，備覺新鮮悅耳。因為我們眞的聽到牠的聲音，欣賞著牠的叫姿和艷美的羽毛。我完全能體會到洞山禪師所說：

「萬別千差明底事，

鷓鴣啼處百花新。」

在回家的路上，秀眞說：「臆測的後果，經常背離眞實。我們對宗教臆測，對神臆測，對事物臆測；當一個人用臆測代替眞實的覺察時，就失去『正遍知，明行足』的能力。這時人的回應也是錯誤的，這就是迷失。」

□誤解來自臆測

她接著講了一個故事。有一個人在超級市場購物，他彎下腰來挑選水菓，突然背部一陣劇痛，一時動彈不得，便尖叫了一聲。在旁的一位服務員看了看他，說道：「如果你覺得價格不合理，你可以到別家去看。」其實那個服務員所回應的，不是事實的本身，而是對現實的臆測。過多的臆測會讓人陷入迷失和困境。

孩子成績低落，許多父母會臆測他不用功，而沒有眞正了解原因，協助孩子解決學習的困難。商人生意沒有做好，會把它臆測爲時運不濟，而疏於檢討自己的錯誤，他也就得不到寶貴的經驗。善男信女的宗教信仰，以爲頌經念咒就能得大功德，但那也是臆測。臆測會讓我們迷失，讓我們得不到智慧和開悟。

放下安心

每一位初學禪的人，師父一定會教他放下。放下這個法門或技巧，在我看來可說是禪坐的核心課題。因爲學會放下的人，必已懂得如何安心。他可以在行住坐臥中運用自如，能在日常生活和工作中隨機運用，讓自己的心識清醒活潑。

放下就是不被自己的念頭纏住，而讓自己的心得到安定、敏銳和清醒。簡單的說，人的腦子經常被記憶庫裡的資料、念頭或經驗干擾，以致分心或者衍生煩惱和焦慮。因此，當你憶起一件事情，而被它牽著走時，你必已捲入煩惱之中，越想越多。你的心地被佔領了，心識世界淪陷了。這就是你不安的原因，也是壓力和心煩的由來。

一個雜念的升起，好像從記憶庫中竄出的毒蛇，你的心如果去追捕它，蛇就會回過來纏住你，甚至會用毒牙咬傷你。你必須警覺、看清它，然後讓它自然走開，這樣你就能保持清醒，不受干擾或被纏縛。這樣就叫作放下，也就是泯除或泯去。經上所謂：

「一種平懷，
泯然自盡。」

一個受到寃枉的人，只要一想到那件事，就會心肺沸騰、越想越氣，甚至晚上不得安眠。那受寃的記憶或念頭，就是記憶庫竄出來的毒蛇，要把它看清楚，讓它走開，不要跟著它後頭去追尋，否則就會被它纏住。

生活在自由開放的社會，引誘多、物慾高，種種挫折和衝突隨時可能出現。當你面對它時，千萬保持警覺，不要讓你的心跟著它走失了。你的心就像頑皮的孩子，很容易受到引誘，去抓那條意念的巨蟒，然後回轉過頭，把你纏住，將憤怒、煩惱、敵意的毒液，注入你的心靈，令你中毒。

保持自己不被妄念巨蟒纏住的警覺，就能維持你心中的安定，就能使你思考清楚，情緒平穩。這是時時刻刻要注意維持的事，一般稱它叫禪定。禪定能生智慧，智慧必源自禪定，所以唐朝的神會和尚說：

「即定之時即是慧，
即慧之時即是定。」

今年春天的一個星期日，兒子新平參加大學甄試的口試。他說不必陪考，一切自己來。我也樂得輕鬆，正準備登山踏青時，電話裡傳來他的聲音：「老爸！我忘了帶眼鏡。進實驗室做實驗，沒眼鏡可不行。」他的考試順序抽到一號，我急急忙忙從他桌子上拿了一副眼鏡，在考前三分鐘及時趕到考場。孩子高興接過眼鏡盒，打開一看，他愣在那兒：「老爸！這是哥哥的眼鏡，派不上用場。」頓時兩人既失望又慌亂。

剎那間我的腦際閃過一幅生動的畫面，提醒自己說：「別讓慌亂的巨蟒纏住！阻止自己的心去抓住牠的尾巴！」就在很短的時間，我恢復了平靜，篤定地告訴孩子：「別急！你近視度數不深，安定的心比眼鏡更重要。」我安慰過他，看他進了考場去考第一節的面試。我飛快回家找到他的眼鏡，在考第二節實驗之前，請試務人員轉送給他。

孩子已順利通過甄試，我也通過一次禪定的考驗。我總覺得，當時如果亂成一團，或者因心急而指責，都會軍心大亂，而影響考試的心情。

放下不是什麼都不想，而是及時把那纏縛在心頭的念頭、煩惱和浮躁之氣按下，當下清醒思考，回應現實，才是生活的智慧。至於枯坐終日，一念不起，那只是滯於枯坐，而非眞放下。

涵養愛心

你需要被愛，也需要愛人。人只有活在愛裡才會受到鼓舞；只有肯去愛人，自己才不會孤單。如果你想活得好，就得認眞去愛才行。

你要愛自己的家，家才會回饋給你溫暖；你肯奉獻給你的家人，才會起勁、有活力地爲他們服務，如此，你的精神也會振作起來。肯去愛人、愛家、愛社會和愛國家的人，他們的熱情洋溢，創造力也被挑起來。

你要愛你的工作和職業，爲它做些建設性的事，你就能振作、神采奕奕。你若肯去助人，做些志願服務的工作，會對你產生激勵，你的同情心和熱心就自然流露出來，這時你便能免於消極和孤獨之苦。如果你愛做運動，肯安排開心的活動，自然心情會開朗起來。

愛不只限於情愛，而是愛生活、愛活潑的人際交流、愛工作。不過，愛有一個重要的基礎，那就是愛人。如果你不能或不肯去愛人，我相信你會失去活力，失去生命的創造性。

如果你偶爾情緒低落，請用愛來添補；如果你想讓自己活得充實，你一定要活在愛人與被愛之中。愛令你產生健康和朝氣。

愛是人類精神生活的資糧。有了愛，才感受到溫暖和充實；有了照顧和關懷，心智才開展得起來。愛與智慧是分不開的；慈愛來自深邃的智慧，大智的內涵即是慈愛。

□沒有條件的眞愛

我認識張先生夫婦已經十餘年了，他們的掌上明珠出生後不久就受到疾病的侵害，變成殘障兒，甚至連走路都失去平衡。他們為了孩子四處請益求助，甚至更換過工作，以便每天送孩子上特殊學校。他們經濟能力不好，日子過得清苦，但每天都可以看到他們帶著孩子在公園裡散步，邊走邊跟孩子說話。他們對孩子的愛，風雨無阻；對孩子帶來的不便和困擾，可以說無怨無悔地承擔和照顧。

十幾年就這樣過去了。前幾天我在市郊登山，在相思樹林的小徑上遇見他們。跟他們駐足閒聊好一會兒，感受到他們的安詳、慈悲和寧靜。孩子的臉上也綻露著和樂的表情，一眼看過去，孩子與常人已然沒有什麼不同。令我訝異的是眼前這三個人，都具足和善的氣質，臉龐洋溢著慈愛，眼光綻放著溫柔。

孩子跟我們打過招呼，尋著步道採摘野花去了。閒聊中我讚美他們的愛心，付出的心血令人感動，他們笑著說：「起先我們不能接受孩子腦損的現實，一想到她是智障，就會傷心落淚。每想到她的未來，就惶惶不安，每天縈繞在腦際的是絕望。

「我們努力學習如何教導智障的孩子，從中更學會愛，學會接納。最後，我們明白接納自己的遭遇，努力設法讓全家活出喜樂。

「現在我們懂得熱愛生活，就用她現有的智力也就足足有餘了。你知道嗎？看起來我們做父母的好像付出很多，實際上，孩子來人間走一趟，是來教導我們如何過生活的。」

□苛求與屈辱

我們談了好一會兒才揮手道別。秀真和我繼續前行，來到一處陡坡，在坡旁找到一個小平台坐著休息、望遠。這時，遇見下山的一對夫妻，帶著一位年約十歲的孩子。他們落後一群人約五十公尺，從他們的言談就知道是同一個登山隊伍。這三個人接近身邊時，我感受到一種憤怒或衝突的火藥味；更可以觀察到那男孩，受到屈辱後找碴的頑皮行徑。特別是在安靜的樹林裡，人際衝突的敵意，就像暴風雨要來前的詭異。

果然，媽媽拉高嗓子怒斥孩子：「連走路都不會嗎？書讀不好不打緊，連走路都不會嗎？」媽媽已然失去耐性，不滿與憤怒鼓脹著兩頰。怒目的眼光眼過我們，似乎在爭取我們支持她的訓斥是對的。這時走在前面的老爸也失控了，他補上迅雷不及掩耳的一句：「再頑皮我K死你！」

這聲音配上疾言厲色，把林子裡的蟲鳥都嚇壞了，連空氣也凝結了。他們繼續前行，嗔怒之氣像飆風一般跟著他們，漸行遠去。

我們在經過一陣錯愕之後沈默地向山頂走去，不覺台北盆地就在眼底。也許眺望能令人深思，秀眞說：「其實剛剛那孩子很活潑，也很聰明的樣子。但父母的責難與批評，會使孩子愈來愈頑劣。他們如果有張先生夫婦的愛，孩子該能成長得很好。」

我說：「這對夫妻每天只要求孩子有好表現，卻疏於培養愛與教導，對孩子怒罵斥責，日子久了，就是天資再好的孩子，也會覺得自己笨、不可愛、缺乏信心。終究，孩子會鋌而走險。張先生夫婦是陪著孩子生活、成長和學習，所以能把智障的孩子教好；剛剛那對憤怒的夫妻，用憤怒教導孩子是注定失敗的。」

我們兩人坐在高崗上談教育，談人生，談心靈的成長。話題愈說愈廣，好像樹木花草，藍天白雲，都加入我們的話題。最後有感於所見所思，作了如斯結語：愛是老實地生活，虔誠地接納天賜，把上天賜給的彩料，繪成喜

遠流出版公司讀者服務卡

謝謝您購買本書！

爲加强對讀者的服務，請您詳填本卡各欄資料，

投入郵筒寄回（免貼郵票），

我們將爲您提供遠流最新的圖書訊息，

您並可享受各項購書優惠。

購買書名：＿＿＿＿＿＿＿＿＿＿＿＿

您購買本書的方式：□＿＿＿＿書店　□郵購

您的性別：□男　□女　是否定期收到遠流書訊：□是　□否

身份證字號：＿＿＿＿＿＿＿＿＿＿＿＿

生日：＿＿＿＿年＿＿＿＿月＿＿＿＿日

教育程度：

□國中及國中以下　□高中（職）　□專科　□大學

□研究所以上

婚姻狀況：

□未婚　□已婚←孩子年次(1)＿＿年(2)＿＿年(3)＿＿年

您的職業：

□學生　□家管　□工商　□農　□自由業　□服務業　□公

□教　□軍　□其他

您獲知本書的訊息來源：

□逛書店　□郵購信函　□報紙雜誌廣告　□廣播　□其他

您對本書的意見：＿＿＿＿＿＿＿＿＿＿＿＿

＿＿＿＿＿＿＿＿＿＿＿＿＿＿＿＿＿＿

＿＿＿＿＿＿＿＿＿＿＿＿＿＿＿＿＿＿

地址：台北市100汀州路三段184號7樓之5
電話：（02）3651212・3653707　傳眞：（02）3657979
郵撥：0189456——1　遠流出版事業股份有限公司

遠流出版公司　收

廣告回函
臺灣北區郵政管理局登記證
北台第0523號
免貼郵票

姓名：
地址：　市縣　區市鄉鎮　郵遞區號：
路（街）　段　巷　弄　號　樓
電話：（公）　（宅）
傳眞：

悅絢爛的畫面。這是人生的真諦，也是教育的指南。

結　語

心境的好壞決定於你的想法，有什麼想法就有什麼心情；心情決定你的判斷，也影響你的身體。成功的人生並不全是建立在成功的事業上，重要的倒是良好的心境；心境好，就有活力去創造，就能克服種種困難，獲得成功。

請記得，好心境需要你去懷抱和培養，需要保持稚子之心和對人有愛。當然，在工作與生活上，你要避免強求，不用臆測來決定事情，那麼你的心境就顯得活潑眞實。

第二章 涵養精神能量

人要在生活情境中，
不斷涵養精神能量，
以創造富麗和喜樂的人生。

精神是一種能量

精神生活是一種能量的表現：能量豐沛，會覺得喜悅和振作；能量耗竭，會覺得沮喪空虛。能量可以流動和轉換，它可以化作創意和活力，也可以扭曲而成為疾病和暴力。

你一定有這種經驗：當別人和你講話的時候，若對方支持你的立場，賞識你的意見，你心裡就覺得愉快。爲什麼呢？那是因爲你受到支持，防衛性降低，而把你的心門打開了。當心門打開時，就會有一股能量流進心靈，使你覺得歡喜愉悅，願意繼續談下去。這時你的談話熱情會提高，興趣被挑起，創意會變好，想法也較敏捷。精神能量這時有了活躍的互動。

反之，當一個人受到挫折、覺得不自在的時候，能量就會逐漸耗竭。多年前我剛出道演講，由於表達的技巧不夠，不能引起聽衆的興趣。這時我會覺得挫折，緊張和得失心令心門封鎖起來，能量漸漸耗竭，然後覺得驚慌、不知所措，最後沮喪地結束一場演講。

精神生活的表現，可以用能量消長與變化來作解釋。我所指的能量並非生物能，而是一種會流動的精神能。譬如你很專注地傾聽演講，與演講者產生共鳴，你的心靈就會被打開，自然的能量就流入你的心靈，你因此得到喜悅和充實感。你也許會問，演講者只有一位，爲什麼每個人都能同時感受到能量的流入呢？其實，能量並非從演講者那裡流出來的，而是當人與人互動的時候，心靈自然開啓，能量自然流入心靈。

禪宗的《信心銘》中有這樣一段話說：

「能由境能，
境由能境；
欲知兩段，
原是一空。」

這意思是說，我們的能量受環境的影響，周遭環境之所以影響我們，是因爲它影響心靈的開啓或封閉，而決定了能量能否流入內在精神世界。因此，能與境之間的關係，是建立在「空」這個條件上。

禪學所說的「空」和「有」是這樣的：例如水是空，加入鹽而成爲鹽水是有；布是空，做成衣服是有；建材是空，建造成建築物是有；水泥是空，塑成柱子是有。也就是說，任何一種存在，只要變成限定性的東西就是有。空的本義不是沒有，而是一個可以應變的可能性。人類心靈世界存在著無限的可能性，它是空。也唯有空才能孕育活潑的精神能量。

人的心不能被限定，若被限定，就會因封閉而僵化，只能有一種用途。儒家說「君子不器」，君子不能成爲一種器具，如果變成器具，他就再也不能發揮精神能量，無法感受生活中的創造與歡喜了。

精神能量的流動

精神能量是流動的。人被激怒的時候，會氣得發抖，因爲他身上的能量已經流失或迅速消耗。多年前有一位媽媽對我說，她的孩子罵她，並以有她這樣的母親爲恥，叫她滾出去死掉算了。她一開口對我說話，便傷心地哭了起來，接著便跪倒在地上。她爲什麼會跪倒在地上呢？因爲她太傷心了，一時能量已經耗竭。想想看，一個媽媽辛辛苦苦把孩子撫養長大，卻受到孩子如此忤逆，怎麼不會耗盡精神能量，而陷入崩潰邊緣呢？

憂心會使人能量耗損，煩惱也會使能量流失。相對的，當一個人遇到歡喜的情境，會覺得很溫馨而喜形於色，那是因爲有股能量流入了他的精神世界。

下面幾個例子能讓你更了解精神能量流動的情形。

□天堂與地獄

唐朝時有位白隱禪師，他有一位擔任縣太爺的弟子。一天，縣太爺對禪師說：「大師，如果你能帶領我上天堂、下地獄，我就能眞正相信佛法。」禪師想了想，想到一個點子，便挖空心思想出許多污蔑、冤枉和譏諷縣太爺的話語，一股腦兒都說出來。縣太爺原先聽得一愣一愣的，只是奇怪今天禪師說話不對勁，可是越聽越生氣，終於按捺不住，便拿了一支棍子追打禪師。禪師跑到大殿裡，躲在柱子後面，探出頭來對縣太爺說：「縣太爺，我已經把你帶到地獄來了！」縣太爺一聽，發覺自己失態了，便馬上拱手頂禮對禪師說：「大師，對不起，我失態了！」這時，禪師又從柱子後面把頭伸出來對縣太爺說：「縣太爺，當下就是天堂。」

在學禪的過程當中，天堂與地獄就在我們的心中。當我們的心開放的時候，能量就如水常流通，豐沛得令你安適、喜悅、有創意，此名爲「彼岸」。心若封閉起來，精神能量很快耗竭，便產生憂傷和沮喪，煩惱於焉產生，則名爲「此岸」。許多人就是活在痛苦的此岸，因爲當我們碰到挫折或受到傷害時，能量就立刻流失，陷入精神生活的窘境了。

□慈悲的力量

在一九六〇年代，美國有一位合氣道高手叫泰瑞•道布森（Terry Dobson）。他在日本學合氣道的時候，每天兢兢業業的練武，因此武功高強。他的師父常對他說：「想要學得眞正的合氣道，必須切記一件事：合氣道不是用來攻擊別人的，你的心中不可以有敵意，或是凌駕在別人上面的氣勢。更重要的是，它是爲了和平、自衛與保護人。」這些話道布森牢記在心。

有一天，他搭乘地鐵遇到一位醉漢，那醉漢一上車便橫衝直撞，把一位懷抱嬰兒的母親推得往後退了幾步，倒在一對老夫婦身上，然後醉漢又去衝撞別人，好幾個人因此被撞倒。大家見狀都往後退，懼怕這位兇猛的男子。道布森看到這一幕，想到今天可以一顯身手了，便走過去，想要教訓那個蠻徒。就在一場打鬥一觸即發之際，一位約莫六、七十歲的老先生喊了一聲，他笑容可掬的和那醉漢打招呼說：「嗨，年輕人，來呀，我有話跟你講！」

他的聲音和語調是如此柔和，就像是在招呼一位老朋友似的。

那醉漢原本並不理睬，經老人再次耐心的招呼才走了過去。老人問他喝什麼酒，他原本不願回答，但被老人的關心和平易近人的態度所感動，終於答道：「喝清酒。」這時老人仍然微笑說：「我也喝清酒。我每天都會溫一壺清酒，和老伴坐在自家院子小酌。院子裡的柿子樹下尤其適合小酌。」老人講這些話的時候，那個原本在發酒瘋的年輕人竟然能靜靜地聽著。老人接著回過頭來問他：「年輕人，我想你家也有一位好太太吧！」年輕人這時才囁嚅的說：「太太剛死去不久。」原來，他的魯莽舉動是因爲他失去了心愛的老婆，藉酒澆愁造成的。

老人和年輕人繼續聊了起來，四周頓時安靜下來。當道布森走過他們身邊回座時，似乎聽到年輕人在向老人訴說心中無限的挫折和痛苦。而道布森卻也覺得慚愧，想著剛剛如果動手把那人痛打一頓，不是很魯莽嗎？

從道布森所敍述的故事中，我們可以知道，人的能量一旦被激化，就會產生暴力。如果當時沒有老人適時出面，道布森和那醉漢打起來，兩人一定會像蠻牛一樣粗暴，而受傷的可能不只他們兩人。

能量的盈虧及其影響

□能量豐盈者

當我們處在能量豐盈狀態時，精神會振作起來，能保持喜悅與平和的心情，即使面對挫折或委屈，也會比較鎮定。能量豐盈者能禁得起打擊，堅韌性高，情緒比較穩定。舉例來說，當你開車時，若有人突然插進來搶你的車道，你會很生氣，除了狠狠地按喇叭之外，手還會緊緊握住方向盤，就好像緊緊抓住對方一樣。這時你的皮膚電阻開始下降，呼吸急促，心跳加快；危機開始出現了，然而你並不知道。也許意外事故就在此時發生。

能量豐盈的人碰到類似的狀況，會轉變精神能量成為理智的態度，對別人的行為產生同理心。也許他會想：「那個人可能正在趕時間，說不定他的家人住院了。」這樣一想，他還會把車子開慢一點，讓對方過去。就這樣，那個超車的人過去了，自己的速度也沒有慢多少，而內心卻能保持平和。

佛家所說的無生忍，意思是說一個人不需要刻意克制自己，卻已經有了忍的效果。忍會讓人的心靈產生一種更寬闊的包容，也就是說，你的心是敞開的。因此，即使發生了不愉快的事，能量還是會流入心靈之中，你的心依然保持寧靜。這樣的人是個能量豐盈者。

能量豐盈的人擁有比較敏捷的思考能力。當一個人氣憤或憂心的時候，就沒辦法平靜地思考，聯想能力也會變差。因為思考這件事也是靠著我們的精神能量來進行的。

有些父母親，認為應該多給子女一點壓力，這樣才有更多精力用功讀書，以發揮其潛能。便對孩子說：「你要努力啊！你阿姨的女兒這次考上第一志願，某人的兒子也考上第一志願！你要好好用功，不要在別人面前抬不起頭來喔！」他們以為這樣會促使子女用功。其實不然，這樣做等於在剝奪孩子的能量，他很容易成為能量的耗弱者，而非豐盈者。

他們應該這樣說：「孩子，別人考得怎樣是他們的事，你只要盡自己的能力好好用功，我們都欣賞你。每個人都應該照著自己的進度成長，按自己的興趣選擇方向，我知道你能走出自己的光明路。」這樣說會讓孩子的精神能量增加，促進其成長。

我的童年有一件令我欣喜的事。我讀小學時，成績可以說是教人不敢恭維。每一次母親和鄰居一起到田裡工作或在溝渠邊洗衣時，總免不了談到子女的成績。那時我常常跟在母親身邊工作，卻從來沒聽過她說我成績不好。有時候有人問起母親，我考幾分得第幾名，她總是說：「考幾分得第幾名有什麼關係，認眞就好。」她從來沒講過我不好。所以我仍然保持良好的精神能量，當我想讀書的時候，不會被自卑和退卻所困擾，反而有勇氣去面對後來的許多困難，並做更大的努力。

其實，每個人都應該重視精神能量，因爲它是我們精神生活的基礎。當一個人的精神能量豐盈時，就比較不會產生焦慮感，相對的，他的創意也會比較好。心理學家說，人類只發揮了原有潛能的百分之十五，或最多不超過三分之一。因此，一個人的天賦是用不完的，眞正重要的是培養豐盈的精神能量。豐盈的精神能量會幫助人思考和做決斷，也會幫助人與他人建立良好的關係和影響力，而人際影響力又會使人產生更好的思考能力、安全感和自尊。

精神能量豐盈的人，會經常保持一種喜悅與豐足感，他們的態度鎮定，不會受到外界的誘惑而迷失。事實上，一個人的精神得以振作，心中覺得愉快，腦筋能夠清楚思考，其主要原因在於他有豐盈的精神能量。

□能量的來源

人的精神能量是從哪裡來的呢？它與個人過去的生活經驗息息相關，其關鍵又視一個人的心是開放或是封閉而定。也就是說，如果一個人在成長的過程當中擁有較豐富的友愛與安全感，而且有足夠的挑戰試煉他的能力，他就會產生較大的信心和安全感，心靈也會更開闊。人的心胸一旦開闊起來，能量就會如水常流通一般，進入他的心靈世界，使他成爲一個豐足的人。

人在成長的過程當中，若能體驗較多「愛的支持」，他就會有較高的自信，樂於與別人合作，較有責任感。這些因素使他的自尊變得強壯，願意與人交往，他的心靈世界用不著過多的設防，這使其心靈呈現一種開放的狀況，而精神能量就易於自然的流動。

我們的成長過程當中，如果成功的體驗比較多，我們的心也會比較勇於打開。打個比喻，當蝸牛伸出頭來時，你若碰觸牠，牠便會縮一點，再碰觸牠，便再縮一點，最後整個頭完全縮進殼內，把自己封閉起來。此時，牠對於周遭所發生的事就渾然不知了；牠不是清醒的，無法作正確的判斷，因此很容易走錯路。

日本禪學裡也有一個很發人深省的寓言。一隻鯛魚和一個蠑螺在海中，蠑螺打開銅牆鐵壁一般的外殼，鯛魚在一旁欣賞著，讚歎地說：「蠑螺先生，你眞是了不起！一身的銅牆鐵壁，有什麼敵人能傷害你呢？」蠑螺也覺得自己非常安全堅固。正當他們你一言我一語的時候，突然發現有敵人來了。鯛魚對蠑螺說：「你有銅牆鐵壁的外殼，我沒有，我必須張開眼睛看清楚，用我的觸覺查個明白，確知危險從哪個方向來，然後決定怎麼逃走。」鯛魚說著便「咻！」的一聲游走了。蠑螺心裡想，我有這一身防衛系統還怕什麼，便把門關起來，等待危險過去。

蠑螺等了好長一段時間，也睡了好一陣子，心想危險應該過去了，便把殼門打開。伸首一看，牠已經不在海裡，而在人類的水族箱裡！再打開一些看清楚，牠正面對一條大街，水族箱上面貼了一張紙條，寫著「蠑螺一顆××

元」。

人在成長過程中，若能多接受一些歷練，而非一味的被溺愛與保護，便能在歷練當中發展信心，打開心門，讓精神能量不斷流入心靈，進而更有勇氣嘗試新的事物，而且能夠做正確的判斷。蠑螺自以為外殼堅固，不會遭遇危險，而把自己封閉起來，斷送了精神生活能量開展的機會，危機也因而出現。

□能量耗竭者

能量耗竭者會時常覺得精神不振、消極與退卻，心神焦慮不安，覺得心理壓力大。他們最容易表露的現象是自卑、消極；當他們遇到挫折時，最常見的行為是逃避和暴力。這種消極的傾向也是導致精神疾病的原因。

我們拿兒童的「懼學症」為例。患有懼學症的小孩，通常是因為希望自己在學校能與別人並駕齊驅或贏過他人，或是希望得到讚美，或者想逃避功課或人際的壓力，然而現實卻一直無法獲得應有的改善。這些人承受的壓力太大，因此一到考試或面對困境，就想逃避。於是在潛意識裡，這些壓力被轉換成爲生理上的毛病。這樣的孩子通常是由於，所得到的鼓勵、愛和信心不夠，以致精神能量不足所致。

然而，是什麼原因導致他精神耗竭呢？一般說來，是因爲在成長過程當中，家人給他的壓力太大，因此，當他面對壓力的時候，便把心門封鎖起來，新的能量就流不進他的精神世界。這是一個循環性的問題：當他覺得自己無法應付所面臨的困難時，內心就封閉起來，甚至會覺得胸口緊繃，能量就無法流入他的精神世界了。這就是他會越走越艱難，生活困境越來越多的主要原因。

再者，長期被冷落和疏忽的人，以及長期受到挫折，沒有成功經驗的人，也都會產生這種能量不足的現象。所以我要鄭重呼籲，如果家裡有個學業成績居於後段的小孩，請你不要否定他。你要仔細觀察，也許他有其他方面的特長，能從那方面獲得成就感，那麼你必須給他機會，讓他獲得那份成就感。譬如，他也許講話很幽默，也許很有人情味，或是很喜歡敲敲打打做木工，這些都值得你稱揚讚許。

事實上，人必須從許多成功的經驗中，找回足夠的自信。而不是只從讀書中找到自信。要從音樂、運動、人際關係或是待人接物的態度當中，找到他的成就感；也唯有這樣，他才能擁有豐沛的精神能量。

我自己就有這樣的體驗。我從國民小學進入初中的時候，遇到一位不錯的老師，他教我們博物，教我們做博物標本。他不只教我們採集樣本、做標本，還教我們用鋸子和刨刀做箱子來放置標本。有一天，我正拿著鋸子鋸木頭準備做箱子，我的老師走過來，在旁邊看了一會兒說：「我發現你有木工的天賦。」就從那天起，我有了木工的天賦。爲什麼？那是一項多麼了不起的成就感啊！直到現在，我還是喜歡木工。每當家裡買電器時，我會把包裝的木箱拆下來，一片片整整齊齊地擺著，等哪天有空想做什麼的時候，我會拿起刨刀做得很有興致、很歡喜。

人的興趣其實也是能量的一種產物。當老師對學生做一次支持鼓勵的時候，學生的心打開了，能量流入心靈，就會感到更大的信心。我從高一開始，曾做過水果販和中、大盤的買賣，也擺過地攤、當過建築工，老實說，我大學畢業的時候，還常常對自己說：「我絕對不會失業！即使找不到適合的工作，我仍然可以作買賣。」

人的豪氣與雄渾的力量，是從他過去成功的經驗中慢慢培養起來的。而成功的經驗並不只是來自讀書，日常生活當中很多方面都可以慢慢建立成功的經驗。能量耗竭者的問題便是來自挫敗感與不安，以及缺乏成長的誘因。他們尤其缺乏生活的體驗，以致精神能量嚴重不足。

能量剝奪的現象

當一個人能量匱乏或耗竭的時候，會採取什麼樣的手段呢？舉個例子說明。如果有個先生晚上十點才回到家，太太劈頭就埋怨他晚歸又不打電話回來。先生一聽，覺得很不受尊重，沒有面子。這時太太已在無形中剝奪了先生的能量，先生因此感到不舒服。當他感到不舒服的時候，就會馬上把能量再剝奪回來。於是憤怒地把太太罵了一頓，或者羞辱一頓。

他用這個方法奪回能量。能量會不會回到他身上呢？會！但是已經變成一種激化的狀態。當那份能量回到先生身上時，他會氣得發抖，因爲回來的能量就像高伏特的電壓流進他的心靈，之後他會更忍不住向太太挑釁，說出敵意的話。太太聽了很不是滋味，她也會回嘴。這兩個人就陷入互相剝奪能量的現象。

再如，爲什麼人生氣的時候要拍桌子？那也是因爲他想把失去的能量剝奪回來。然而，拍完桌子以後你覺得舒服嗎？當然不舒服。因爲你奪回來的能量是激化的能量，它對你的心靈不但無益，反而有害。

多年前，我從木柵搭公車要到台北市區，車上一位年輕人拉鈴準備下車，結果起身太猛，撞到車頂上的行李架，而且撞得不輕，把他彈回椅子上。他很生氣，便掄起拳頭重重地打了那架子一拳，結果出力又太大了，他「唉唷！」一聲，手也受傷了。

這種對物的發洩，其實是想把能量剝奪回來。但是剝奪回來的是一種激化的能量，進入人的心靈之後，會使人失衡。因此我們看到那個人下車之後邊走邊罵，自嘆倒楣。

能量剝奪的現象在日常生活當中經常可見。例如，爲什麼有人要侮辱別人呢？一個人在能量開始不足或耗竭的時候，才會講別人的閒話，或是在背後諷刺別人，而不敢做正面的指陳。所以，能量不足時會產生剝奪的現象，而剝奪本身又衍生許多困擾。

當被激化的能量流入我們心靈的時候，我們會失衡，思考因此激動，情緒開始起波濤，自己的感情也開始把握不住。人的許多衝突和錯誤都是由此而來的。

一個人把能量剝奪過來之後，會想要趕快把它消耗掉，因此也產生了許多問題。舉個例子說明。當小孩子不乖，我們拿起棍子打他的時候，通常會越打越生氣。其實，你有沒有想過，你為什麼要打他？因為你很生氣；而當一個人生氣的時候，能量是耗竭的；所以你打小孩，是想從他身上剝奪能量。這件事情解釋清楚就是如此。你以為打他是在教育他，其實不然，打本身不具教育效果，除非你告訴他正確的作法。

而小孩被打了之後，能量被奪，又不敢打你，只好怒目而視。當你看到他眼瞪嘴翹的表情時，通常會更加憤怒，因為你從他的表情感覺到，他正從你身上剝奪能量。剝奪一個人的能量不見得要用打的，一個表情就足夠了：怒目而視或一個輕鄙的冷笑就可以。要給人能量，一個微笑也能達到。這時，你和孩子之間發生了能量爭奪戰，這也是體罰孩子容易發生危機的原因。因此，我不贊成用體罰來教導學生，體罰會產生極爲緊張的能量互動，而且那些能量最後會被激化，會像火一般燃燒，這就是一般人所說的「發火」。其實，那些打小孩的父母並非不愛小孩，當他們打完，能量都消耗光了之後，通常會氣吁吁地說：「我實在很愛他，但是我不得不打他。」請想想，打才能示愛嗎？

有些人在自己覺得能量不足的時候，就會去偷竊。他們並非沒有錢，而是偷的行爲讓他們有股能量進入心靈；他們藉著「偷」剝奪能量。可是，爭奪而來的能量是激化的，是不能有效使用的。因此，小偷不會把錢存到銀行，他們會把偷來的錢拿來或吃或喝或賭，直到花光。結果他們的能量比先前更耗竭，偷的行爲變本加厲地嚴重起來。

賭徒則更爲危險。他們想不勞而獲，因爲他們的內心很匱乏。而最危險的賭徒不是窮人，而是那些有資產的人，他們可以在幾天之內把一個大企業賭掉。

爲什麼會如此呢？因爲他們內心的能量耗竭，想把能量剝奪回來。他們選擇了賭博，想從中獲得精神能量。由於輸與贏構成一種能量爭奪模式，這使他們不得不繼續賭下去。這時，他們的判斷能力和理智更差，可能連其中有詐都看不出來，只是一味地迷信賭可以替他扳回一城，結果越陷越深，以致思考不正確。

在我的輔導經驗中，也仔細觀察過賭徒的心理變化。我發現想讓賭徒完全回頭，使他的心靈安穩下來，其歷程簡直與戒毒一樣。因爲他的問題在於，那些回流的激化能量，會繼續消耗他內心僅存的一點能量，使他越趨耗竭，不能自拔。

所以，讓賭博合法，或是把某個地方建設爲賭城，是很糟的政策。因爲它和吸毒一樣，最後會導致家破人亡。誰家無子女？誰不需要幸福的家庭？這件事值得大家關懷。

國內較少有人專門研究賭博，其實，賭博所牽涉的並不是道德問題，而是人心理嚴重殘缺的一種表現，我們必須重視它。

最後，還有一種情形是「罵架」。夫妻或朋友之間都可能會罵架，當兩個人意見不合的時候，往往就會互相對罵起來，而且越罵越激烈，越罵越難聽。這一點我們要當心。罵架一旦陷入精神能量的互相剝奪，就會激化成嚴重的衝突或暴力。

能量的交流

我們在談過人們互相剝奪能量的情形之後，接著來談人與人之間美好的能量交流。透過這種交流，我們能補足缺乏的能量。此外，我們也可以透過與周遭環境的交流和互動，而產生豐足的精神能量。

能量交流的對象有時候是人，有時候是大自然的景物，有時候甚至是自己對自己安撫幾句話，你會突然間覺得有所醒悟，能量就會流入你的心靈。我前面提過超車的例子就是如此。當別人不合理地超你的車，使你差點撞上他時，你心裡若能想他可能有急事，因而讓他，當下你的心就恢復平衡了。這份平衡就是你自己與自己交流的結果。

也許你當時很生氣，可是坐在你旁邊的朋友卻讚美你開車的技巧，或是說你很有耐心，這時你也會緩和下來，緊握方向盤的手開始放鬆些。這就是透過人與人的交流而獲得的能量補充。此外，當你開車抵達一個風景幽美的地方，突然有人超你的車，你可能只有「唉唷！」一聲，事情就過去了，並不會生氣。為什麼？幽美的景色使你的心靈打開，你的能量非常豐沛，就不會產生能量剝奪的問題。其實，在風景幽美的地方發生這種超車的機會也不大，因為大家的能量都是豐沛的，不需要用剝奪的方式獲得滿足感。

從這一點談到飆車。飆車的人其實是想從他人和環境當中剝奪能量，可是飆完車的人事後都會覺得不安，因為他回想起來，腦子裡通常都是飆車時差點發生的危險事件。我曾經和飆過車的年輕人談過，他們只是想從飆車這件事上感受到快感，取得一點樂趣，其實，他們的內心很矛盾。因為他們奪取進來的是一種高度激化的能量，並不平穩。因此，他們在飆過一段時間之後，絕對不會再飆了。他們明白，那不只是危險，也是一個痛苦的經驗。不過，一批換一批，嚐過苦頭的人不想飆了，明年又有一批新手躍躍欲試；人總是要親嚐之後才知其味。

但是，我們必須知道，凡是以剝奪方式所取得的東西都是不平衡的。我再講個小故事，你就可以看出我們內心平衡的能量運作。有一對夫妻繳不出房屋貸款，他們愁眉苦臉地討論如何度過難關。他們念小學一年級的孩子聽到了，便把自己的撲滿拿到父母跟前：「爸，媽，我這裡有個撲滿，裡面有很多錢，可以幫忙你們繳貸款！」這對夫妻一聽，心裡覺得非常溫馨，感動地抱著孩子，突然間，他們金錢的壓力沒有了。一段時間之後，他們還常常回想起這份溫馨的感覺。這件事情把他們的心打開，使能量流入了他們的心靈世界。

同樣的事情也發生在另外一個家庭，卻得到迥然不同的結果。這個家庭的夫妻因爲沒有錢，所以心想一定要回家去分到父母的財產。當他們爲了這件事愁眉苦臉的時候，讀幼稚園的孩子，抱著撲滿跑過來，要把滿滿的錢送給他們。然而做父親的聽了之後，卻冷冷地把撲滿放在一邊，而且斥責孩子無知。

這種錯誤的反應非常殘酷，尤其對尙在幼年階段的小孩。我們看得出來，第二對夫妻乃是爲了分財產的事在憂慮，他們的心極爲枯竭，心量狹隘而封閉。因此，當他們的小孩提出這麼美的建議時，他們竟然都不受感動，而且透過責備來扒取子女的精神能量。

這兩對夫妻的差別其實很大，他們的家庭將來差別也會很大。第一對夫妻的家庭會繼續不斷的努力，把貸款繳清，他們的家庭團結而和氣，將來一定會富裕健康。第二對夫妻即使分得再多祖先的財產，以他們的處事方式，終有一天會耗竭的。

涵養精神能量

如何培養豐沛的精神能量，如何在日常生活當中保持平衡，避免自己大量耗盡精神能量，而陷入困擾，是現代人亟需努力的生活課題。我認爲有幾種重要的途徑，可以涵養精神能量，那就是：美感、愛與親密、宗教信仰和割捨。茲分別說明如下。

㈠美感與能量

不論你過去的生活經驗如何，童年是否受過很多挫折，或是在嚴格的教養之下長大，除了尋找專家的協助之外，你可以暫不管它。從現在開始，爲了提昇精神能量，讓自己活得好，要做的第一件事就是「美感」。

我們只有在欣賞美的時候，心情才會好起來，能量才會流入我們的心靈，令你覺得喜悅自在，思考與情緒就會穩定下來。所以，美感是我們人生中很重要的一環。

「美」是一種智慧的開啓，它本身就是一種能量。當你看到一片風景、一件藝術或一篇詩文時，若不能以一種局外人的觀點來欣賞，就沒辦法感受那份美感。舉例來說，你家裡種的花雖然很美，但由於你和它太親近了，以致不能做一位局外人，東挑剔、西嫌棄，而失去欣賞的態度和興致。看到朋友家種的花，會覺得它們的姿態、花蕊和花瓣都特別美，帶給你一種喜悅和寧靜。所謂「別人的花比自家美」，是因爲你扮演了局外人角色的緣故。

禪宗就有種「局外人」的修行方法。譬如，對於家人你要關心，但是你也要常常跳出來，以局外人的角度來看待他們，那麼你就會覺得自己的小孩有很多優點。美的事物也是如此，有些人有收藏藝術品的喜好，但一幅畫買回來之後，便把它收藏起來，沒有時間欣賞，以致不能享受它的美。可是當他參觀畫展時，可能會對某一幅畫神往良久，讓他產生一種很深的感動。你可能會覺得公園的花木很美，但如果那些花木是你自己種的，你就不容易維持一個客觀、超然的欣賞態度，不能以局外人的眼光去欣賞萬物之美。再如你到汐止、南港或木柵山區看人採茶，以局外人的身分幫忙一小時，會覺採茶很美、很有詩意，但你若是茶園主人，就會希望趕快採完，越採越快，也許形成一種壓力而變得不好受了。

我們在日常生活當中，要培養美感，讓家庭有種溫馨的感覺。證嚴法師曾對弟子們說，吃飯時千萬不要把整鍋湯端到飯桌上，而要用適當的碗盤盛裝起來擺好，這時就會有一種美感，吃起來也覺得特別有味道。的確如此，我們偶爾到飯店，大家圍坐吃飯，就會覺得那天吃得特別愉快。爲什麼在家裡不會有這種感覺呢？關鍵在於飯店的碗盤都很講究。日本人受禪的影響很深，因此你到日本料理店用餐，會有一種感覺，那就是盤子很美，有一種特別的氣氛，用起餐來有著美感。

我們吃飯的時候，也可以同時享受美感，食物和餐具可以構成色香味具美的滿足感。平常我們若把菜或水果切得美些，吃起來也會覺得無比的喜悅。不信你試試看。

如果你吃飯時覺得很愉快，就不會罵人了。很多家庭都是利用吃飯時間教訓小孩，結果一頓飯吃得很生氣，眞是何苦來哉！吃飯是生活的一部分，我們應該藉此機會給小孩身教，讓他們感受到美，讓他們吃飯的時候，精神能量也是豐沛的。如此長期陶冶，對一個人才有最大的好處。

此外，有空的時候到山上走一走，當個局外人，欣賞自然美景，享受徐徐涼風。山徑的野花，在山谷盤旋的老鷹，無一不是美。

不只是物和風景美，對於人的美也要能欣賞才對。有人認爲家人每天都看到，有什麼美？別人的小孩都比較乖巧，自己的小孩越看越生氣。這就是你忘了以局外人的欣賞態度來看他，每天只在意他的成績，只留意他電動玩具玩得太久，而不曾讚賞他調沾醬的技術不錯、待人很和藹等等。

家庭成員若能互相欣賞，每個人的心就會打開；當孩子的心開展了，他還會整個晚上躲在書房玩電玩嗎？不會的。他玩一段時間之後自己會出來，因爲家裡有溫暖，能量會進入他的心靈。他喜歡跟家人相處，跟家人溝通的情況也就會好起來。

小孩會整天投入電玩出不來，是因爲他的心靈非常封閉，只能靠外物撐下去，想從電玩的打打殺殺中尋找慰藉。這時父母若火冒三丈過去把電玩的插頭拔掉，揚言再如此下去，要把整個電玩丟掉，這樣，這個家庭就要鬧戰爭了。

一個家庭的成員若能把周遭的人、事、物之美，或是在報章上看到的好文章，與家人共享，那麼他們的心胸就會越來越開闊，能量也會越來越豐足。這就是人與人之間能量交流的緣故。

有一次和幾位老師討論到美的教學，一位老師說，他把學生帶到風景區遊玩，那些學生並不欣賞山光美景，而是一窩蜂跑去排隊玩遊樂器材。一般人對美的感覺是很缺乏的。你是不是覺得家人也常常疏忽了美的感覺呢？若是如此，你的穿著要注意美感，家裡的布置也要有美感，美感給我們一種精神力量。

你如果想把小孩教養好，家裡就要收拾整潔。我做過許多家庭訪問，得到一個結論：家裡環境亂七八糟的小孩，腦子通常也亂七八糟，而且因爲沒有美感，心也是封閉的。他們敵意強，缺乏同理心，在思想上也比較消極。

其實，美感是現成的，只要在日常生活中懂得品味欣賞，一碗白飯吃起來是美的，平常一投足、一抬頭也都能夠欣賞到美。當我們擁有豐足的美的感受時，心靈自然會打開來，而有種歡喜的感覺。就是這種心情令我們活潑快樂，讓精神生活顯得豐富。

㈡愛與親密的滋潤

美國賓州有個叫羅夏圖的小鎮，鎮上住的是義大利人，他們很少生病，壽命也比其他地區的人長，因爲他們對老人很尊重，人與人之間互相支持，彼此親密而溫馨。但是我最近看到一則報告指出，現在的羅夏圖和其他地區已經沒有什麼差別，那裡的人際一樣功利、疏離和敵意，原來擁有的那份美好的大環境和精神生活，已經大不如前了。

人因爲有愛和溫暖，心靈才會打開。一個小孩跟隔壁的同伴打架，哭著回來。做父親的看到這種情況，不分青紅皀白便責備孩子，這個父親可說是一點溫馨都沒有。

但是另外一位父親遇到同樣的情形，反應卻不一樣。他對孩子說：「過來我這邊坐，讓我看看。」父親告訴孩子：「朋友在一起，總有意見相左的時候，你們有了衝突才會打架。他打了你，你也打了他。我知道你今天受了委屈，是不是？」「是……」過一會兒父親問：「那現在還疼不疼啊？」「不疼了！」小孩溫馨地洗臉去了。這件事情就叫做愛。愛是精神能量的根源，那些失愛的人，往往在精神生活上，造成許多缺陷。

我們在做團體輔導的時候，會以八至十二人為一組，讓他們在一起彼此盡情地交流，目的是要他們都把心打開來。以我做諮商的觀點來看，這個小團體的成員要分享彼此的感受，不批評對方，使他們的心靈打開而不封閉。這時，自然而然會有一股互相支持的力量流入每個人的心靈，每個人都會說眞話，把自己的困難講出來，互相支持愛護，彼此互助。就這樣，每個人的心都慢慢打開來，十幾個人同時得到了治療。這個過程乃是透過人與人彼此的愛和信賴，才能達到效果。

家庭也是如此。家就是一個小組，彼此友愛，互相包容和支持。當家人訴說自己如意或不如意的遭遇時，其他成員願意與他分享、傾聽，他會覺得很溫暖，覺得家庭是親密安全的。家庭依靠大人來帶領，如果他們能這樣帶領成員，我相信這一家人每天都能互相補充能量，家庭氣氛會因此好轉，每個人的精神都會振作起來。

朋友的人際關係也一樣。有些人說不到兩三句話就讓人覺得冷漠，那是因爲他不懂得愛護別人。我們一定要學習愛護別人，與別人同理，產生一種支持性的互動，所講的話也會打開彼此的心防，漸入會心的交往。這就是人際關係獲得改善的原因。

心理學的研究指出，有愛心、人際關係多樣化的人，他們的死亡率比同年齡低，精神狀態也比較好。再者，社交活動比較活躍的人與孤獨的人比起來，精神狀況和積極性都顯然比較好。其三，友情是健康的基礎，現代人之所以有這麼多莫名其妙的精神疾病，乃是孤立和疏離所造成的。

人必須眞正愛生活，不能與之疏離。生活是人生的目的，工作與賺錢只是生活的過程。如今我們卻把它顚倒過來，把生活當手段，賺錢當目的；把求知當手段，文憑當作目的。因此，我們求學的過程變得很痛苦，生活也被犧牲。這些都與我們對生活的熱愛有所衝突，也因而導致精神生活上的一些困境。

人跟大自然也能孕育出很深遠的親密感，它能帶來豐足的精神生活。多年前，我與家人同遊大雪山，至今我的感覺仍然歷歷在目。那兒的山壯美、雄偉，一千餘歲的紅檜，給人的感覺是壯麗、幽美，令人神馳歡喜。大清早便走步道到保留區的紅檜原始林，一整天，我們帶著小朋友在外頭散步。一位當嚮導的朋友告訴我們，那裡確實有熊出沒。當他在解說的時候，我發覺周遭迴盪著一種最原始的美。

我們要愛護台灣的山，常常接近台灣的山。我們要了解，台灣有很多地方值得我們去參訪、去愛護。如果我們生長在這個地方，卻不與這裡的大地有一次密切的脈動，而每天往KTV跑，我認爲那是在K（kill）我們的生命，我們會有無根的感覺。反之，我們與大自然的親密，卻能帶給我們一種自在感。

如果把美感和對人、對大自然、對生活的愛結合起來，你會發現那是一件很有趣的事情。不信你可以做個實驗。找座近郊你覺得比較美的山，約幾個朋友或是家人，然後邊走邊分享彼此對美的感覺。也就是結合人與人的親密、人與大自然的親密，以及景色的美，去登臨、去運動。運動至一個階段之後，我們的腦中自然會分泌一種能夠抑制敏感、憂愁、焦慮、緊張等精神反應的物質，這時你會發覺，人與人之間親密起來了，在那遠山之中碰面都會彼此打招呼。然後，你會覺得內心慢慢的湧出一股歡喜。

我是個很喜歡山的人，山給我很多美妙的啓發。對於山，我會鍥而不捨地喜歡登臨、散步。如果你能和幾個朋友一起同遊，就更能感受到能量慢慢的進入你的心靈。過一段時間之後，許多憂愁和焦慮都會過去，創意便慢慢打開來了。

城市人腦子裡裝了許多邏輯和知識，但是對於生活卻無法打開創意，原因是缺乏這種與大自然親密，讓愛與美結合的靈修。於是精神能量就豐沛不起來。

下雨天無法到郊外山上運動時，怎麼辦？你可以在家裡做家事，把家裡整理打掃一番，尤其是年輕人，應多幫父母做家事，打掃室內或烹煮一道好菜和家人分享。這樣，你的家庭就有了親密互動，精神生活就會振作起來，喜樂起來。其實，平常也有很多機會讓我們建立豐足的精神能量。如果把工作當作一種負擔，心靈就會被它壓迫得封閉起來，若能在工作的過程當中，以超脫的心境，帶著幾分欣賞的眼光來看它，那麼工作本身也會帶來興味。

有人問我，你平時要上班，下了班又跑去助人、演講，你怎麼有時間寫書呢？你一定很累喔，眞是太辛苦了！告訴你，如果我覺得累又辛苦，我就不這樣做了！當我演講的時候，我覺得我是和聽衆一起分享我的觀察或在學術研究上的成果，我把它當作一種生活的表現，並與大家分享，那是一種遊玩的歡喜感覺。與人建立親密的感覺，所以工作起來格外起勁。

㈢宗教信仰的開悟

宗教有幾個重要的意義。依據宗教學的研究，有宗教信仰的人，在他覺得需要時，會很虔誠地向神或菩薩禱告。這個禱告本身會產生一種擁抱與深度的安全感，使他的心打開來，接受一種安祥和啓發。佛教禪宗裡所謂的開悟，就是透過這樣而產生的。有信仰的人藉著這種過程，會有較多的活力。

我自己就有多次的經驗。年輕時，我對宗教可說是一頭栽進去。當時面臨很多困難，但是我覺得佛會給我力量。尤其讀高中那段日子，我早上必須騎著腳踏車載一百多斤的水果，從家裡到宜蘭六公里，從宜蘭到羅東十公里，賣完水果回到宜蘭中學上課又要十公里。水果是向別人批發來賣的，賺一點差價，很辛苦。有時遲到還要挨學校的罵，心裡會覺得很委屈。

這個時候，什麼會給自己眞正的溫暖？什麼力量能支撐自己呢？宗教。我清晨六點多，騎著腳踏車越過蘭陽溪，雙腳踩個不停，左邊是太平洋，那時朝曦是如此璀璨，陽光如此絢爛，「啊，我懂了，東方的琉璃世界就在那！」

下午放學了，我要到產地買進一百多斤的水果，準備第二天一大早載去賣。那時剛好夕陽西下，餘暉照著周遭的一切景物，我感覺夕陽如此溫暖。當時有一種宗教性的感受，夕陽的那份溫暖正像彌陀西方極樂世界的佛恩。所以，後來我讀到《觀無量佛經》中，第一觀觀日鼓的時候，我完全能了解如何觀，也了解觀日鼓是如何帶給人內心的寧靜。因爲當夕陽西下的時候，我們已經辛苦工作了一整天，這時我們有種無限喜悅的感覺，即所謂的「夕陽無限好」，會擁抱著你的心，讓你的心產生自在和喜悅。

宗教能給人一種倚靠的感覺。有次電視主持人問我爲什麼需要信仰宗教，我回答說，「有信仰時精神生活就有靠山。」有宗教信仰的人福報很大，他們的心靈非常沉穩。

宗教乃是依藉佛法、禪法或其他宗教教義的歷練與實踐，使一個人慢慢成長。就禪宗來講，它所要實踐的就是六波羅蜜，也就是從煩惱的此岸到開悟的彼岸，甚至到眞正極樂的彼岸，只有六件事情。第一是**布施**。我們願意考慮別人、幫別人，那就是布施。布施讓我們的心靈得以開放。第二是**持戒**。我們需要很好的生活紀律；生活有了紀律，我們的生活才越來越雄渾有力。第三是**忍辱**。一個人碰到難題、挫折和冤屈的時候，若能做到眞正的無生忍，也就是不需要特別壓抑，就能夠寬容、忍耐，這種人的心量會慢慢變大，能量逐漸進入他的心靈，而獲得禪定。第四是**精進**。一個人若能實踐上述三個修持就能變得更積極、更知道上進，那麼他就會進入第五波羅蜜**禪定**，心中越來越穩定。最後，創意和人生的喜悅慢慢顯露，那就是第六個波羅蜜**智慧**。

事實上，六波羅蜜是互相聯貫，是同一件事情；我們藉由布施、持戒、忍辱、精進、禪定、智慧來達到解脫心理的困擾，開拓美好的精神生活。

㈣放下與悠閒

人要肯放下，才不會被綁緊。人要肯放下，才會有悠閒。

當你經過了一天的辛苦工作，到晚上時，你肯放下工作，與家人共享天倫之樂嗎？當你每天爲自己的前途奔波之後，願意放下塵勞，好好休息嗎？

你肯放下對子女的教訓，改用欣賞、讚美的方式對待他們嗎？你願意放下煩惱、憂愁，體驗周遭環境的美嗎？你願意放下對別人的偏見和成見，用一種嶄新的態度對待他們嗎？你願意放下執著不變的念頭，讓自己感受幾分輕鬆和悠閒嗎？

如果你放得下，心靈就會打開，精神能量就會獲得補充。精神能量並非依靠物質來培養，而是先打開心靈，讓充塞於宇宙之間的新奇、意義、美感、喜樂進入你的心靈世界。孟子曾言善養「浩然之氣」。當一個人的心得到開啓時，他的氣勢和豪情會逐漸形成。登山爲例，如果你有幾個朋友爲伴，大家有說有笑，張開法眼欣賞自然美景，豎起耳朵傾聽蟲鳴鳥叫，一、二個小時之後，你會突然發現整個身心的感覺不一樣了。因爲你的能量已經獲得補充。這是大自然的恩賜，也是精神世界的自然法則。

宗教上有個很有趣的現象。基督教的摩西是在西奈山上受十誡，佛陀在靈鷲山闡揚禪法，菩薩的道場也都在山上：普陀山是觀音菩薩的道場，五台山是文殊菩薩的道場，九華山是地藏王菩薩的道場，峨嵋山是普賢菩薩的道場。登山使人寧靜開心，而生命的至理會在這時候自然呈現在你的心中，精神生活的能量也在這時流注你的心中。

我們常說：「仁者樂山，智者樂水。」對台灣地區的居民來說，山和海都是心靈世界的無盡寶藏，我們透過運動和休閒，讓自己眞正放下，我們的精神力量就會眞正豐足起來。

結語

精神生活是很微妙的，你越想去佔有什麼，尋求些什麼，精神能量就會消耗得越快。我們越是自我中心，越是自私自利，心靈就很快封閉起來，精神生活會像窒息一樣，覺得煩悶焦躁不安。老子說：「天地所以能長且久者，以其不自生，故能長生。」不自生就是無私，不陷入敵意、佔有和強烈的自我防衛。

運動令你開心，美感令你悅心，信仰令你安心，親密令你會心，割捨令你淸心。你能把握這幾個要素，精神能量自然會流入你的生活之中，讓你活得積極振作，歡喜自在。

第三章

打開塵封的心結

過度汲汲於營生，
就會失去生活的樂趣。
執著於過去的教訓，
就培養不出創意的花朵。

人的心靈，很容易被成見、貪婪和懼怕所障蔽；也很容易被暗示或受蠱惑，失去理性。所以人常常作繭自縛，把自己箍在昧愚的窠臼，封閉在狹隘的死胡同裡，變得心煩鬱悶。

人的心只要被塵封起來，就會有迷信、有衝突、有困擾。現代人多以為自己有豐富的知識，但其實能打開心靈、獨立思考、清醒覺察的人實在不多。我們很容易被一些似是而非的觀念所困，尤其是怪力亂神，以及一些未經證實的迷信。比如說，有人買了新房子，請個風水師來看輿地，風水師告訴他說：「先生！這棟房子方位不適合你，住進來會生病，會不健康。」主人聽了，頓時覺得憂懼，每天爲這事情煩惱。這時他的心靈被一些莫須有的觀念所封閉，他的理智思考被障蔽。

人很容易嫉妒別人，以致心懷敵意，這時過當的防衛機制開始作祟，不敢跟別人交心，當然也就失去做知心朋友或親密交往的機會。當自己與別人之間築起一道牆時，頓時覺得孤立和敵意。這時的心靈是封閉的，因爲他不敢跟別人交往，建立親密的關係。

我們都忙於工作，忙是沒有錯的，打拚也是應有的本分。可是，當你把全部時間投注於工作，變成工作狂時，心靈就會被忙碌和工作所困，體會不到生活的樂趣。這時你犯了倒懸的錯誤：把生活當手段，把工作當目的。生活變得乏味，日子久了心智也開始僵化。這會給自己增添生活的困擾，也會爲自己帶來心理健康上的危機。

人們往往習慣於以自己爲中心，來看待人際關係，希望別人能給自己更多青睞和讚美，自己卻很少去欣賞他人。這時人際的溫暖和社會支持，就開始解體了。尤其是汲汲於爭取別人的讚美和艷羨時，那種期待和乞求，更容易使自己陷於疲乏。人在汲汲營營之後，會變得寂寞孤獨。許多名人，不就是在獲得掌聲之後才崩潰，才自殺的嗎？

這是一個知識發達的時代，是一個自由開放的時代，你被迫要接收各種知識和不同的價值觀念。或者，只要你不去妨礙別人的自由和權益，就可以做任何想做的事，說想說的話。但是這些紛繁的知識，卻要靠自由的心靈才能去分辨它們、處理它們。那些心靈不自由的人，或者容易被知識、觀念和私慾綁架的人，碰到這紛繁的現代生活，不免要困處愁城了。

現代人想得太多，爲自己也爲子孫，爲名利也爲學歷。就一般人而言，煩心的東西太多，心靈的障礙亦重，結果心靈世界被塵勞綑住了、封閉了。這是現代人的共同問題，也是心理困擾和生活失調的根源。依我的觀察，人若想打開塵勞心結，去過淸醒有創意的生活，就必須經過一番淨化的過程，它包括：鬆開自縛的繩索、破除業障、改變思路、維持生活的平衡。現在逐一說明如下。

鬆開自縛的繩索

人在不自覺中，會用煩惱無明的繩索，把自己綁得緊緊的。我在實際的諮商經驗當中，常常聽到有人告訴我，他覺得胸口緊。我說，因爲你常常很憂鬱、很緊張，感受的壓力很大，因此就好像有一條繩子把你綁住。是什麼繩子把人綁住呢？會綁人的繩子太多了，尤其以下四種，最容易把我們綁出病來。

第一條，**常常感到懼怕不安**。何謂懼怕不安？舉例來說，夫妻彼此苛求對方，因此吵架、鬧脾氣，通常都是由於懼怕不安。一對戀人，彼此把對方管得緊緊的，因而常常起爭執，那也是一種懼怕，怕對方移情別戀。親子之間也是如此，父母怕孩子讀書不用功，達不到預期的要求，彼此衝突和摩擦便逐漸產生了。

人一旦被懼怕纏住，他的困擾就漸漸嚴重起來。比如說患有懼學症的小孩，通常都是中上程度的學生，由於怕輸給別人，在潛意識裡轉換成疾病，諸如到了校門口就肚子疼，或要上學就開始頭痛。病症是他的藉口，而這個藉口卻不屬於意識層面，而是潛意識裡偷偷的在運作，以致很難用勸說來達到治療的目的。

人如果對人生有所懼怕，怕前途暗澹，怕被別人瞧不起，常常想著這些不安，很容易變成習慣性的焦慮，全身緊繃，早上起床時全身酸痛。其實那是懼怕與不安所導致的結果。

第二條繩子是**迷失在潮流之中**。跟著人群走，不曾獨立思考，大家說對的，就跟著說對；不敢爲自己的生活做決定，老是跟著別人，變成別人的一部分。這時你會離開眞實的自己越來越遠，覺得孤立、迷失。當一個人迷失自己的時候，最嚴重的問題是潛能得不到開展，他的機會慢慢流失。他變成了別人，不屬於自己。

佛陀講過一個發人深省的故事。有一個人花了九牛二虎之力，到沼澤的地方挖出許多沈香木，便運到市場去賣。沈香木很珍貴，價格也高，過了好多天沒人買，這使他心裡頭很急。這時，他看到樵夫挑了一擔擔木炭到市場賣，很快就被買光。於是他學那些樵夫，把沈香木燒成炭，果然很快就賣掉了。可是一車子的沈香木，卻只能賣到一點點的價錢。佛陀說這故事，就是告訴我們，要獨立思考，不要一味跟著別人走。

人的心靈如果被綁架，就會陷入迷失或迷信之中。因此，「大家都這麼做，只要跟著別人一起走就行了」，是一種錯誤的觀念。有句俗話說，「輸人不輸陣」，意思是說要跟著大夥兒走。但是要跟著人家走，也得先把目標地點搞清楚，絕對不可以把泡沫山當雪山，隨著人家一起跳。這是我們必須愼思的。

第三條繩子是**不肯改變想法解決問題**。我們在過去的成長過程中學習了很多知識，在與人交往之中形成了許多成見，在生活中也養成了一些刻板的觀念。我們往往將敝帚視爲珍寶，像眞理般奉爲圭臬，而不願嘗試用新的方法解決問題。如此一來，你就要遭受災難了。

環境在變，世事無常，舊的辦法無法克服新問題，若不知改變，我們會被大局淘汰，遭遇許多挫折和災難。人是很容易被成見或惰性欺瞞的。

我有一個個人的小故事，說來供大家參考。由於工作的關係，我常有機會處理青少年的意外事件。我發現再好的本事，只要刻板化，就會失去解決問題的能力。比如說，有些青少年的游泳技術很高明，但當他躍入池塘救人前，沒有考慮其中有很深的泥淖，就像在游泳池一樣，縱身跳入池塘，身體就會沒入爛泥之中爬不起來。當然也游不動，很快就遭滅頂了。因此，不能因應環境改變想法，往往導致嚴重的錯誤。

其實，日常生活當中，我們只聽傳說便信以爲眞，並因而遭殃的事情很多。譬如，有多少人相信報上所登治療腎虧的廣告？有多少人相信自己患有腦神經衰弱？我們對這些疾病通常並沒有眞正的了解，只是道聽塗說便信以爲眞，然後把它當作祕密，每天苦惱不已。許多在學青少年所擁有的性知識並不完全正確，但卻信以爲眞，因而一知半解地爲自己製造很多苦惱。

人若不願意徹底求眞，只願以過去的成見生活，那麼他也會把自己綁得很緊。

第四條繩子是**以自我爲中心來待人接物**。這種人會把自己綑得透不過氣來。人若以自己爲出發點設想事情，覺得別人都應該配合自己，那麼人際關係就會開始出問題。人們會逐漸和他疏離，而他自己卻不自知。一個以自我爲中心的人，不願意接受忠告，犯了錯也聽不到別人的忠言，最後慢慢變成一個孤陋寡聞或剛愎自用的人。

□自縛導致封閉

人只要有上述四條繩子，就足夠把自己綑綁，釀成諸多困擾。

封閉的人沒有朋友，因此人際關係開始惡化，思考狹隘，感情生活無法開展，他好像被掐住了。封閉的人有下列幾項特質：

- 性子很急，很容易與人起衝突。
- 缺乏容忍，忍受挫折的能力差。
- 經常陷入不是對就是錯的僵化思考，以及矛盾的掙扎。
- 不善於水平思考，缺乏創意。
- 對人的敵意較高。

封閉的人明顯地表現出這幾種特質，你可以自我檢討，若有這些特質，那表示自己的心已被塵勞綑綁了。

□封閉者與開放者的差異

封閉者與開放者最大的差異，在於前者與人討論時，非常在意自己的看法和別人對他的批評。語言上常常以自己為出發點，繞了一圈又回到自己的立場。他很少能吸收別人的意見，發展成一個成熟周延的結論。

封閉者在感情上會慢慢從「給予」變成「需索」，由「慈、悲、喜、捨」逐漸轉成「貪、瞋、癡、慢、疑」。在認知上，會逐漸教條化，無法活用，當然也不敢去創造。因此，他的生活越來越刻板，越失去活潑和喜悅。

再者，封閉者會慢慢形成一種獨斷的價值判斷，很少能用「價值澄清」的方式與別人達成共識。也就是說，他非常不善於談判和溝通。今天的社會是一個開放而多元的社會，很多事情必須透過談判才能解決。但是封閉的人卻慢慢走向獨斷的態度，他們對於現代生活產生抗拒和挫敗感，從而造成心理上的壓抑和困擾。

在良心的表現上，他們會從人道逐漸走向極權。所謂人道的良心，其同理心較強，較能考慮別人的立場和感受。然而，極權的良心講求的是效率和成長的績效，對事情有習慣於一把抓的傾向。他們頤指氣使，經常用指示性的態度待人。他們所愛的人是聽從他的人，對於不服從的人，往往產生憎恨與防衛。

至於在道德的判斷上，封閉者要的是一種統合大家的力量，因此，在宗教信仰上，他會走入一條死胡同；他會對絕對權威的神祇發生興趣，而對高級宗教越離越遠，而使信仰變成迷信。許多人在信仰宗教上，所表現出來的屈從與懼怕，甚至演變成人神契約和賄賂神祇的行爲，這都是封閉者所反映的現象。

如果我們自己有上述任何一種現象，就應該有所警覺，這表示我們已經陷入一種封閉的生活態度了。

開啓心靈世界的黑盒子

一個封閉的人必須想辦法把心靈之門開啓，把綁在身上的四條繩子解開來，而這需要先把舊經驗的黑盒子打開，破除執著和困境才行。而如何打開我們心靈世界的黑盒子呢？

□舊經驗的干擾

每一個人都有豐富的過去經驗，從童年到現在，點點滴滴的事情都會儲存在我們的記憶中，變成意識體的一部分。它經常會跑出來干擾人們的判斷和思考。例如一個人在年輕時常受人欺負，長期感受挫敗，而不曾經歷成功的喜悅，後來便會產生一種焦慮來干擾自己的心靈。根據心理學的研究，小時候受過親長或同儕凌虐的人，長大以後發生意外事故的可能性是一般人的三倍！可見其嚴重的程度！

爲什麼會有這種現象？主要是不愉快的經驗對人會產生干擾。這種干擾若發生在開車或做其他必須心意專注的事情時，意外便容易發生了。因此，人若時常受過去經驗的干擾，就無法專注地做事；若時常受過去經驗的束縛，便沒有勇氣做新的嘗試，而難以發展出創造的行爲。所以每個人必須學會從過去的經驗中解脫出來。過去的經驗，無論是成功的或是失敗的，都會變爲成見，而干擾現在的判斷和思考；都必須經過淨化和澄清，才能成爲創造思考的素材。有個方法稱爲「冥思」，便能幫助我們做到這一點。

□冥思與創意

冥思就是「禪定」的意思。它能讓一個人解脫過去的經驗，不受過去經驗的干擾牽引。對一般人而言，這不是一件容易的事，所以必須加以訓練。

當你沒事或休息的時候，會發覺有個念頭從腦子裡浮現出來，這時會怎麼樣？會被這個念頭捲走，繼續想下去。於是你就分心了，你開始被過去的經驗綁架了。然後你會像演電視劇一樣地不斷演下去。所以，有時候你會坐在那兒做白日夢，做上三五分鐘都不自覺，別人輕輕一碰都會把你嚇一跳。如果你常常做白日夢，就要小心了，因爲這表示你的心常常被過去的經驗綁架，這就是你容易出意外的時候。

禪宗在教人學禪時，總先教人在靜坐中學數數，從一數到十，再從十數到一，反覆來回。這種功夫乍看似簡單，其實不然，數著數著，你會發現，在短短五或十分鐘內，你有好幾次數到六、七十了才猛然驚覺。爲什麼會這樣？因爲你的心已經被綁架，已經分心了，也就是你的心已經處在不專注的狀態。這是件很危險的事情。所以，我們要學習冥思，建立醒覺的一種力量和習慣，學習從過去的念頭鬆綁出來，這就稱爲「解脫」。

當我們解脫的時候，就不會被過去愉快或不愉快的刻板念頭綁住。我們並不是從此不用那些資訊，而是在開拓發展或孕育創意，使用我們最眞實、最純淨的心所產生的智慧，這種智慧在心理學上稱爲pure intelligence，是一種最純的智能。用這種最純的智能去接觸事物，我們會跟人、事、物交心，能產生會心的思考。用這種純淨專注的智能思考，會使自己更爲敏捷。

冥思並不是叫我們百物不思，而是要使用專注的心。冥思不是逃避現實，不是坐在禪椅上什麼都不想，而是透過冥思，培養清醒思考和專注。

冥思並沒有一定的形式，更非一定的思想或概念。它若是一種概念，那開悟只不過是想像而已，只是一種死板的觀念。開悟就像杯子的水滿出來之後，繼續往前不斷蔓延，最後會蔓延到整個時空，那時你對時間和空間的問題都會有清醒的回應。也就是說，你對時間不再像現在這麼執著，你原有的空間觀念會開始瓦解，而對多重空間有種更新的體驗。那種體驗絕非想像而來，乃是自然會有的感受。它給你的是一番清新的視野，一種自在和豐富的生活體驗。

□開拓視野

一個人想要打破自己的執著，不能只靠冥思。所謂「讀萬卷書，行萬里路」，有助於打開自己的視野。譬如你專攻哲學，卻從來不去攝取自然科學方面的知識，那麼你的哲學思惟是封閉的；你若學理工，只讀理工的書，而從來不涉獵心理學、哲學、史學的書籍，你的心靈也會有狹隘的感覺。

所以，一個人要多方面參與各項活動。例如，週末下午去聽場演講，或在家聽首優美的流行歌曲，禮拜天早上再到山上踏踏青。一個人的生活越多面，他的心胸會越寬廣。你看看憂鬱的人，他們到最後通常都足不出戶，只關在自己的房裡；而有活力的人一定會看更多書，參與更多的活動。

□體驗優游

想要破除執著，避免心靈被塵封起來，優游是其中重要的一環。當你悠閒時會特別懂得欣賞別人。當你心靈開敞的時候，周遭看起來都比較順眼。

因為你的內心敏捷而自由。

舉個例子說，你的公司禮拜天舉辦登山健行活動，為了增加活動的樂趣，宣布在某個時間以前抵達目的地並簽名的人，就可以獲得獎賞。這時可能就有某些人會起個大早，直奔山頂，簽了名、領完獎賞之後，就衝回家睡覺。這種人爬山只是為了跑第一，為了領取獎賞，至於山上蜿蜒小徑旁剛冒出來的小花兒，隨著微風輕輕搖曳，好像在向人招手，他沒有看見；蔚藍的天空，有兩隻老鷹在翺翔向他歡呼，他沒有看見；悠閒的雲、澄藍的天能洗滌他的塵勞，他一點兒也沒有感受到。

我們可以說這個人的心是封閉的，他的塵勞很重，無法體驗美。一個人的心若是開闊的，他回到家會覺得家很美；心若是清淨的，一杯白開水喝起來也會產生涼爽舒服感。反之，你的心如果急躁不安，就不會有這種感覺了。因此，我們必須願意在日常生活當中做一些安排和調整，才能真正體驗到美感。

生活若不被過去的舊經驗或舊念頭所牽絆，我們的心就會自由、活潑，而能體會事物的原貌，覺得每一樣東西都美。這時，你的人際關係會變好，欣賞事物時會有一種和它眞正接觸的感覺，讀起書來也會覺得心神沉穩，能夠深思，而產生與作者神交之感，那你的心靈就開始有了豐富感。

破除業障

每個人都有業障，業障是塵勞的一部分。例如生活習慣不好就比較容易生病，所以不好的習慣就是我們的業障。「業」是行動、行爲的意思；我們的生活本身就是一種行動，思考本身是一種行動，與他人的人際關係也是一種行動。當這些行動本身有了障礙的時候，就出現「業障」，造成不順利，帶來痛苦和挫敗。

當你心裡有個消極的念頭，就會導致思考判斷上的錯誤，心情因而不好，因爲消極的念頭本身就是一種業障。再如，當你對人心懷敵意時，你的思考和情緒也會和別人對立，從而提高防衛心；當人們彼此防衛的時候，就會越來越疏離，而難以建立友誼和合作的關係，更無所謂知交了。

禪宗有個關於業障的公案。唐朝懿宗時有位悟達國師，在他還沒成爲國師前，有一次來到長安，與一位雲水僧（雲遊四海的出家人）在同一座佛寺掛單，而且住在一起。這位雲水僧全身長滿了瘡，但是悟達很慈悲地照顧他，幫他擦拭身上的膿包血水。有一天，雲水僧要離開了，便對悟達說：「以後你如果有困難，可以到西蜀九龍山找我。九龍山上有兩棵大松樹，就以那兩棵松樹做標誌，你在那兒可以找到我。」說完之後，雲水僧就離開了。後來，悟達國師名滿天下，受到皇帝的禮遇，聘爲國師。成爲國師之後的悟達，受衆人的供養，也逐漸失去了昔日生活簡樸單純的美德。他的心開始封閉起來，於是業障出現了。

他得了一種病，膝蓋上長了一個瘡，而且爛得很厲害，像張開的嘴巴那樣，好像可以張口閉口講話似的。這個爛瘡讓他痛徹心扉，非常難過，然而找遍了醫生就是醫不好，連皇宮的御醫都束手無策。他因而離開皇宮，從長安千里迢迢到西蜀九龍山找以前相識的那位雲水僧。

當他抵達九龍山時已是傍晚，再往上走，找到那兩棵大松樹時，天色已經黑了。他繞過大樹轉個彎，便見一座巍峨富麗的大佛寺。才走到山門，那位雲水僧已經在門口等他，並對他說：「我知道你要來，特別在這兒等你。」

兩人睽別已久，便入房中聊至深夜。雲水僧問他：「這次來找我，有什麼事嗎？」悟達便告訴他自己膝蓋上長人面瘡的事。雲水僧對他說：「這件事情簡單，明天一早，我請童子引你到山下，用泉水清洗一下就好了。」

第二天大清早，國師便隨著童子來到山下的泉水邊，當他跪下來準備清洗的時候，膝蓋上的人面瘡說話了。人面瘡說：「悟達，你知道我是誰嗎？你讀過《後漢書》，應該知道以前袁盎殺晁錯的故事。我告訴你，袁盎就是你，晁錯就是我。你自從腰斬我之後，十世都做了高僧，戒律非常森嚴，我根本找不到一絲間隙對你報仇。這一世你雖然也做了高僧，但是後來戒律不嚴，因此我找到機會，讓你罹患這個疾病。」人面瘡講到這裡，悟達便要潑水去洗，人面瘡接著又說：「慢點！今天，伽諾伽尊者已經為我洗滌了過去的種種恨業，幫我們排解這場宿怨，我也因此得到解脫了。」說到這裡，悟達國師趕緊捧水洗滌那人面瘡。結果一陣痛徹，他便暈了過去。天亮醒過來時，一看，根本沒有巍峨的佛寺，沒有泉水，更沒有童子。

原來那雲水僧是伽諾伽尊者，是過去七佛之中的第五佛。悟達因過去現慈悲心，而與尊者結緣，今日尊者特為悟達化解這場生世怨結。之後，悟達國師並沒有回皇宮，就在九龍山搭了一個茅篷，過了不久，十方的衲子也都趕了過來，並在山上蓋了一座的佛寺。悟達每天在寺中懺悔自己的過錯，並且寫了一本懺悔文叫《慈悲三昧水懺》。

這本懺悔文一直到宋朝才整理出來。我們現在看到的《慈悲三昧水懺》是宋朝的定本。如果你有機會好好讀這本書，或參加一次水懺法會，我相信有一半的人會掉眼淚，因爲它是至誠寫就，從頭至尾、一點一滴都是內心深處流露出來的深深愧疚，非常令人感動。

這部《慈悲三昧水懺》是在幫助人透過慚愧的心來反省自己的過錯，並將過錯所留下的情緒死結解開滌清。這個洗滌的過程就是我們拜《慈悲三昧水懺》的重要宗旨。但是很多人都只是拿錢買功德主，自己並不去拜，內心沒發一點慚愧是沒有用的，因爲它就是要我們懺盡自己的過錯，將之從心靈世界眞正解脫下來，才會發生功效。

消除業障必須一步一步來，要在日常生活當中改進自己的錯誤。我們有時會有一些錯誤的生活習慣；例如，你不喜歡運動，所以身體越來越不好，這時你就必須懂得慚愧懺悔，並且願意改進，建立新的生活習慣，開始運動。

建立了運動的習慣之後，你的身體、精神好起來，健康也改善，也就是這個業障已經消除了。

又如，你的情緒不好，動不動就忿怒、不安，或是很容易憂鬱。這也是情緒上的一種習慣，你必須設法改善。如何改呢？你可以訓練自己每天早上起床之後，給自己一段時間，閱讀一篇能眞正啓發精神生活的文章。因此，你應該多蒐集一些勵志的好文章，每天讀一篇，一段時間之後再反覆讀。這樣你便可以用別人積極的觀念和健康的情緒來薰染自己，改善自己，讓自己的業障逐漸消除，得以順利發展光明的人生。

有三種障礙常常會干擾我們的心靈，使我們陷於封閉：一是所知障；二是業障；三是煩惱障。人必須認識這三種障礙，設法破除它，否則就會被它矇蔽，甚至被它絆倒。

□所知阻礙思考

如果你在山上搭了一座帳棚，搭好了之後，有人告訴你，這裡曾經死了個人。你知道之後，晚上睡起來會有什麼感覺？你不敢睡了，越想越毛，半夜就想拔營離開。這就是「所知」產生的障礙，也就是所知障。

下面有個非常具有啓發性的小故事。有對年輕戀人因爲誤會而大吵一架，兩人不歡而散。那男的回家之後越想越生氣，覺得對方太不講理，便寫了一封信把那女生狠狠的罵了一頓。然而信寄出去之後卻後悔了，因爲那表示他們之間就此斷交了。他因此趕緊打電話給對方，要對方收到信之後退還給他。但是女生不願意退回，只答應不看信。當她收到信時，掙扎了很久，認爲那信裡面一定有很重要的事，但她終究決定把信撕掉，然後打電話告訴對方。她的男友對她說，我現在是眞正愛妳的，而且會永遠愛妳，像妳這樣的人，會受我永遠的喜愛。爲什麼？因爲她沒有讓那封信變成所知障。

另一個寓言，也很具啓發性。有一位主公外出工作回家，僕人跑到院子門口等他，對他說：「主公，今天夫人整天都坐在一個箱子上，心情看起來似乎很沉重。那箱子裡可能裝了什麼祕密。」主公走進家門一看，太太果然坐在一個箱子上。箱子看起來很重，他便問太太箱子裡裝些什麼。太太回答說不能告訴他，也不讓他打開。最後在相逼之下，太太終於把鑰匙交出來，然後很不安地走開，好像有事情要發生似的。

現在，換先生對著箱子發愁了，他也坐在箱子上想，裡面到底是什麼東西，該不該開呢？最後，他毅然決定不開，便叫了三個僕人，趁天黑，和他一起把箱子抬到莊園角落的一個深洞裡埋起來。從此以後，再也沒有人提起那個箱子，而主公和夫人仍舊過著幸福美滿的生活。

所知障是很折磨人的。一般人有一種錯誤的習慣：任何事情都要弄到清楚才罷休。我們的父母、老師都是如此教導我們的。其實，有些事的確要弄清楚，有些事還是保持糊塗來得好。人就是要懂得選擇哪些該清楚，哪些該糊塗。

有時候青少年偶爾晚一點回家，做父母的打破沙鍋問到底，親子衝突油然而生。他可能只是和同學去看場電影，我們卻認爲非同小可，非問清楚不行，煩惱就是這樣延伸出來的。我們若想把生活中的每件事情都搞清楚，無疑是在自找麻煩。我們知道該知道的就好，不該知道的便學學上述兩個例子：把它撕掉，或挖個洞埋起來。我們要懂得「知」，也要懂得「不知」才行。

□惡習阻礙成長

業在佛學上的意義，指的是人的行爲、思想或行動。當一個人的行爲有了偏差，生活習慣不好，都會在健康、事業、人際等方面發生困擾，這就是業障。就心理學家的解釋，我們對於任何事件，都會對它作回應；即使不回應也是一種回應。每一個回應的背後，都有其想法，想法帶動情緒，而情緒必然影響身心。這一連串的作用或過程互相依存，因此，任何一環發生錯誤，都會導致身心失調，影響成敗。

人必須培養好的生活習慣、工作習慣、思考習慣，乃至情緒、人際溝通等各方面的好習慣。八正道就是要我們建立良好的生活態度、思想、溝通、動機、信仰、積極工作、觀察、安定等習慣。如果沒有建立這些習慣，就不可能過成功的生活，自我實現之路就會受到阻礙。

情緒安定的人，他們比較不會對別人起敵意。即使跟別人有了衝突，他們仍然能有耐心地去溝通，去尋找解決之道。而情緒安定的工作需要從小陶冶，要一點一滴培養起來。

在禪的訓練中，非常重視十善業的培養。父母親自己表現善良的行爲，子女就能從中得到正確的身教，子女的發展機緣於焉增加，基本能力就雄厚起來。在我的諮商經驗中，許多青少年幾乎缺乏所有基本的好習慣，如觀察、思考、自我控制、負責等全都闕如。這樣的青少年就像是缺乏正常軟體的電腦，不能處理生活、學習、人際等問題。

人要懂得培養好的行爲，而好行爲必須建立成習慣才能發揮作用。當人的好習慣大於壞習慣時，則業障小，反之則業障大。

□煩惱影響心情

讓自己陷於矛盾、不安、憂鬱和絕望的心境都是煩惱。我們只要給自己訂個過高的抱負水準，然後以那個標準要求自己，可是自己又做不到，那麼煩惱就跟著來了。這個抱負水準不但不能鼓舞你成長，反而造成煩惱，所以稱它叫煩惱障。例如，你的小孩本來可以高興地考取第三志願，現在你要求他考第一志願，他會爲了更高的抱負而陷入困擾和壓力中。人要找麻煩很簡單，只要有個貪念就行。

瞋也一樣。我們如果常常情緒不好，對人擺臉色，就會時常造成人際衝突，生活也就不得安寧。一個人若時常以自我爲中心，不考慮別人，或心存傲慢，也一樣很容易與人發生衝突。至於疑神疑鬼或心裡不安的人，問題更多。我們所有的困擾都來自「貪、瞋、癡、慢、疑」——貪是擁抱不合理的抱負水準；瞋是經常陷於失控的敵意和憤怒；癡是失去清醒的思考和覺察；慢是傲慢和自我中心的剛愎態度；疑是情緒不安的心境。有了這幾種心理特質，就會造成幸福人生的障礙，稱之曰煩惱障。

改變思路

我們思考的方式若有錯誤，就會時常出問題；消極的思想會使我們退卻、沮喪和逃避，令人走入死胡同，所以我們一定要學習改變錯誤的思考方式。

在我讀高中的時候，常到雷音寺聽星雲法師講課。大師常講到一個故事說：有位老太太生了兩個女兒，一個嫁給做米粉的，一個嫁給做雨傘的。可是這位老太太自從嫁了兩個女兒之後，就沒有一天快樂過。天氣好，她煩惱做雨傘的女兒沒生意；下雨天，她擔心米粉長霉，怕另一個女兒賠本。有一天，一位出家師父到她家化緣，她便問師父有何辦法讓她好過一點。出家師父對她說：「老太太，妳為什麼不把想法改變一下呢？」「怎麼改變？」「天氣好的時候，妳不要去想那賣雨傘的女兒，而應該為做米粉的女兒高興，因為米粉可以曬得乾爽可口。下雨的時候，就該想那個做雨傘的女兒，為她們生意會好而歡喜。你只要改變一下自己的想法，就會變得高興了！」

人們時常懷著消極的思想，因此愁眉苦臉，覺得一籌莫展。其實，憂鬱的思考是學來的，是一種牢不可破的習慣；我們若改變一下方式，馬上會有新的心境。

□清醒與創意

「零和」思考也會導致我們走入死胡同。所謂零和思考就是認為一件事情非善即惡，不進則退，只有兩種選擇，因此很容易陷入死胡同。事實上，世間事並非只有善惡、是非兩個選擇而已；善與惡只是一條量表的兩端，其間還有許多刻度，你應該找出你所要的答案，而不是把它分為二，非善即惡，非此則彼。

我們思考問題的時候，必須懂得「價值澄清」或「價值制衡」的方法。例如，當我們討論賭博這件事時，若認為它非善即惡，這就是二分法，是一種零和思考，會讓我們陷入困境。因此，當小孩子玩橋牌，你若說他在賭博，小孩可能會回答說，學校的老師都在教他們玩，那不是賭博。如此一來，你可能就會惱羞成怒而責罵他，破壞了親子關係。其實，你可以想想，打牌若拿來賭錢就是賭博，若不賭錢就只是一種娛樂。凡事要就其中的變數來思考，不要陷入零和思考來判定，零和思考會讓我們陷入死胡同。

公共事務也經常會發生這種問題。例如，過去北二高計劃從政治大學校園旁邊經過，政大的教職員都起而反對，認為這樣會造成噪音和空氣污染，影響學校上課。經過思考之後，他們並沒有採取零和的方式，最後他們不是讓北二高經過，也不是不讓它經過，而是鑽山洞從校園的後方通過。這種思考就不是零和思考，而是一種創意思考。

當我們改變思路的時候，就會有新的答案出現，而不會被塵勞封閉。人越懂得超越刻板的思考，就越能有效解決問題；越善於積極的思考，就越能樂觀面對挑戰。

生活免不了要遭遇挫折。同樣是挫折，有人會把它解釋爲一次新的挑戰，設法把握機會克服它，這種人凡事都比較容易成功；有些人想法就不同，他會認爲自己很倒楣，然後自怨自艾，顯得消極洩氣。其實，我也常碰到不如意的事，或是壓根兒搞砸的事，你知道我有什麼想法嗎？我會想，這件事到這兒產生這麼大的轉變，一定有它的原因，等著瞧吧，好戲在後頭，它一定有新的答案！因此，心裡對它反而有種期待，而且會很認眞去思考它，認爲可能會做得比原來更好。

□優點療法

積極思考的人，常會產生微妙的變化。比如說，學校裡有個學生頭髮留得太長，老師叫他把頭髮理短一些，他執拗不肯。不只如此，前額還留了兩束長長的卷髮，噴成咖啡色，說是蟑螂頭。他的導師想到用「優點療法」來幫助他。所謂優點療法就是找出一個人或一件事情的優點，用它來進行社會支持，建立孩子的信心，增強其自我功能，以培養其自主性或自發性。

這位導師便把學生找來，倒了一杯茶給他，陪他坐下來，親切地說：「訓導處幾次請你把頭髮理掉，你都沒有理。」說完，學生不回答，他也不講話，兩人各據桌子一邊對視，誰也不講話。過了一陣子，老師又開口了，他說：「做老師的有個責任，就是當他看到學生有很好的天賦或能力的時候，就應該告訴他，鼓勵他好好發展所長。」這時學生心裡可能想：像我這種學生會有什麼特殊能力呢？便愣愣地看著老師問：「我沒有什麼特殊能力啊？」老師說：「有的，孩子，你有一種特殊能力，就是堅持。一個人能堅持，把一件事從頭做到尾，是一件不簡單的事情，這不是每個人都能辦得到的。有些人到了老年還學不會，有的人則天生具備這種天賦。你要繼續保存這份天賦，用它來克服困難，成就事業。但是，像頭髮這種事是學校約定成俗的規定，可以不必那麼堅持。你要學習哪些該堅持，哪些不該堅持。你是不是可以找個時間去理髮，不必讓自己變得太特殊。不過，我看你的頭髮才剛理不久，你可以過兩三天再去理。」老師說完便把學生送到門口，讓他回去。

第二天，那學生已經把頭髮剪掉了。爲什麼？因爲老師在很自然的情況之下把學生的防衛心都瓦解了，而且講的都是眞心話，與那學生做了一次很深的互動。這位老師的作法眞是令人激賞。

□改變心情和想法

一個人的積極態度會影響他與別人之間的互動，也會影響自己未來發展的潛能。人若能在關鍵時刻換個心情，也會讓一個人改變很多。有個人跑到海岬上，準備跳崖自殺。在他跳崖之前，從岬上望見遠遠的漁火，天上繁星點點，四周闃無聲響，連海也靜悄悄的，這一切眞是美極了，因此心情變好，決定不自殺了！他回家之後寫了一封信給朋友，說他現在活過來了；他本來準備自殺，但是在那緊要關頭心情改變了，所以不再自殺，而且要好好地活下去。

心情改變，生活跟著會有很大的改變。我們常常在不知不覺間被一些成見綁住。何謂成見？現在我們就來思考一個問題：請問一杯水比較多呢？還是大海的水比較多？這是佛陀問弟子的問題。佛的弟子大都回答大海的水比較多。只有一位弟子說：「一杯水比較多，因爲海水雖多，可是距我遙遠；而眼前這一杯水我可以拿來喝、拿來洗，隨我的心意使用，所以它比較多。」這位弟子的答覆得到佛陀的肯定和賞識。

請想想看，銀行存款多的人比較有安全感呢？或者僅僅收支夠用的人有安全感呢？我們似乎很少思考富足感是什麼？如果你能在這裡有所覺察，思想和生活將有很大的進步。

觀念的改變能使一個人的整體思考產生大的改變，因此，要培養你的觀念，注意觀念的改變。在消極與積極之間，要從積極著手；在現有和缺乏當中，要從現有出發；在權利與義務之間，要先盡義務，再享受權利；在給和取之間，應該以布施為先；在付出與擁有之間，要先學會付出。這樣你才真正善於擁有，眞正懂得創造人生。這些觀念的改變，對人而言是一種覺悟和實現生命的起點。當然，這也是打開塵勞，看出生命光輝和活力的關鍵所在。

維持平衡

我們不僅要生活在現實世界，也要生活在精神世界；不僅要重視物質生活，也要重視精神生活；重視自己，也要重視別人；不僅要重視日常的生活，也要重視靈性的生活。情與理分不開，人與我不能疏離；今世、來世與過去世也彼此關聯，它們會產生一種平衡。平衡是件非常重要的事。一個人在家庭生活當中若只重視情，而不重視理，就會產生許多煩惱；若只重視理，而不重視情，就會變成孤僻冷漠。所以，許多事情都講求平衡。只有平衡才不會僵化，精神生活才不會封閉。

人的精神若能保持平衡，就會快樂與富足。大圓球與小圓球同樣圓滿，並不因大小影響其圓滿性。小圓球滾動的效果和大圓球是一樣的，因此富與貧的人生沒有不同，貴與賤的際遇沒有大差異，問題在你是否維持心靈世界的平衡。

我們要透過生活的調整來學習平衡。多年前，有位女士來找我，她病得很重，要我教她一點禪功，讓她多活一些時間，因爲她每天都在進修和寫些東西。她要寫幾封信，將來留給兩個小孩看；小學、中學、高中和大學畢業每人各一封，結婚時又一封，而這些都需要先審思或看很多書才能動筆。在與癌症搏鬥的過程當中，她以這件事做爲活下去的意義和勇氣。

我告訴她：「禪功建立在平衡上，你看過滑翔翼嗎？滑翔翼本身沒有動力，只需用從高處跳下的一點衝力，便能飛得那麼高，滑得那麼遠，憑藉的是什麼？憑著兩個翅膀的調整，以保持平衡。我知道你的體力不好，所以建議你要用最少的力量調整方向，改變自己的心情，用平衡的心去感受你的身體；常常想著它，不要起障礙和煩惱，你就可以飛得高、滑得遠。」

她眞的照我的話做了。一個夏天的清早，她把窗戶打開，照我所說的，讓室內和室外平衡，讓自己的心和宇宙平衡。然後她躺在床上從窗戶看出去，發現對面大樓一片朝陽，幾棵樹影映在牆上，幾隻麻雀飛到窗前吱吱喳喳。她說：「我看到那幅景象，聽到那些啁啾的鳥聲，我發覺我和宇宙根本是一體的。我得到安寧和喜樂。」

本來醫生檢查說，她只能活四個月，但在平衡的心境下，她又活了兩年多。在那段時間，她記錄了她對子女的愛，我也被她爲子女努力不懈的精神所感動。

結　語

人們有一種天生的傾向，喜歡追逐、佔有和囤積，習慣於執著舊經驗；

更糟的是，懷著一顆不安的心過生活。就這樣，大部分的人習於自我防衛，而不敢推心置腹；習於作繭自縛，而不敢打開心靈的視野。於是人變得狹隘、敵意，不敢勇於嘗試新的生活方式。當一個人失去創意和勇氣時，也同時失去生命的活力。我能看到生活最嚴重的悲劇就是它——一顆封閉的心。於是我在這裡要提醒你，如果你想活得有生機，請記得要鬆開綁著自己的我執，消除成長的障礙；你不妨改變一下思路和生活方式，同時要保持平衡，這是豐富人生的處方。

第四章 把握單純的態度

單純是生命的活水，
是閃亮的智慧。
我們的愛和活力，
來自它的孕育和滋潤。

人若以單純的心去生活與工作，即使是艱難的處境，也會泛起無礙的喜樂。反之，若以複雜的想法去看待，就算順利騰達，也會陷入紛繁痛苦。單純是生命的活水，是閃亮的智慧，我們的愛與活力，都來自它的孕育和滋潤。

閃亮的智慧：單純

你若能以單純的心，去面對生活和工作，就會有創意、有悅樂；反之，若以一種操控的態度看它，生活就會變得心煩。

你可以試著買一束花材，無心地把它插起來，放在客廳裡，很容易能感受到美和喜悅。倘若你插一盆花，是為了朋友要來，要顯示你的花藝給他們看，插花就變成一種負擔。

我母親常把淘汰下來的花，找幾朵還有生機的，插在一個小小的花瓶裡。她說：「這幾朵花又再度呈現生機。只要你不拿它跟新鮮的花相比，這幾朵殘花還是無比的美。」我常被她的雅興所感動。後來，我才了解到不比較所流露的美就叫單純之美，是生命世界中閃亮的智慧。

小時候常在田裡工作，要幫忙圍籬笆。有一次，我砍下九芎釘在地上當木樁，希望它能生根發芽，成為一株長久的椿木。我特別留下幾處枝椏，長輩見了問我：「留下這些『鬍鬚』要做什麼？」我說：「這樣可以長得比較快呀！」長輩說：「不單純、拖泥帶水是不可以的。」他要我把枝椏通通砍掉，「只留下主幹釘在泥土中，自然會長出枝椏，留著枝椏反而長不出枝葉來，注意！單純才有力氣。」

很多人以爲什麼都不想才叫單純，不必周密地思考及計劃事情才叫單純，這是錯誤的。我希望大家不要把單純這兩個字如此誤解。單純是一種心智，是一個人在生活中的智慧。

單純使人感覺清醒，使人容易專注，使人喜樂。不單純呢？不單純就會使人變得複雜，身陷諸多紛擾之中。單純的人深通知足之道，能眞正感受到自由與清醒，也因此能減少許多的障礙與煩惱，從而表現出專注、創意和活力。

唐朝的仰山禪師和香嚴禪師，有一天一起散步，閒談中，仰山問香嚴：「你到底開悟了多少？以前師父在世時，他問一句話，博學的你可以回答十句話。現在師父已離開人間，讓我來問問你人生的大事，請你告訴我生命之道在哪裡？」香嚴答說：「去年貧未必是貧，今年貧始是貧；去年貧猶有著錐地，今年貧連錐也無。」

這意思是說，去年的我還在苦苦的追尋著什麼，今年的我已懂得單純之道；去年的心中仍掛念著要找到一個立錐之地，希望自己在社會中表現自我，今年已變得單純，連立錐之地也放下了。仰山聽到師弟的心得便說：「師弟，你已懂得如來禪，卻不懂得祖師禪。你懂得空，懂得單純、純淨的道理，但你沒學會活潑發展內在自我的祖師禪。」

這麼一來，香嚴即對仰山師兄說：

「我有一機，
瞬目視伊，
若人不會，
別喚沙彌。」

他的意思是：我有一種天機，它是眞正的智慧，一種心靈上眞正奧妙的天機，那種智巧與玄妙，我在瞬間就能目睹到它的存在。而只有單純的時候才能看到它，只有單純的時候才能看到自己，看到周遭生活的活活潑潑所給予我的啓發，並進而感受到生活實在的一面。如果修道的人不懂這個道理，就稱不上是一位禪僧或學禪的人。仰山聽完他的話後，很高興的跑去告訴師兄溈山：「師弟也懂得祖師禪了！」

單純帶來成功

一九二一年美國心理學家李威斯・托爾曼（Lewis Terman）對當時的一千四百名天才兒童進行追蹤調查；後來，由他的同僚繼續他的研究，並發表一篇研究報告，發現兩個重要的觀念：其一是天賦超群並不是非凡成就的保證，有許多天賦超群的人最後並沒有得到成功。其二是成就顯赫者與無成就者最大的差別是，前者願意將精神集中在要做的事情上。這就是我所謂的單純。

我在社會上，從南到北參加過無數的演講、座談，見過許多人。我發現有些低學歷者，將精神專注於工作上，並憑藉自己專業的技術，產生十足的自信心，工作成就非常高，並且雇請許多大學生、研究生幫他做事。我在多年前參觀一家鐵工廠，老闆告訴我他是做黑手起家，沒有高學歷，全靠自學獲得高科技的知識。他雖然是董事長，但是每一個部門的事他都親自去學習。一個能夠專注於工作及生活領域的人，也是最大的贏家，所謂「精誠所至，金石爲開」，是單純導致的豐碩成果。

□恆心源自單純

凡事肯持之以恆的人才會成功。我在參加大學社團活動時，常有人問我：「老師！我很喜歡寫作，如何才能成爲名作家？」我告訴他，其實一開始我並沒有想要成爲作家，之所以會寫出一條路來，是因爲不停地寫的緣故！我在國民小學時，國語都說不好，初中到高中時最怕的是作文，那時我寫出來的都是台灣國語，連老師都看不懂，我常開玩笑說我是早期台灣鄉土文學作家。

眞正提筆寫作是在大學時代，但是常遭退稿。於是我稍加修改再寄出去，一來一往，不需要多久也就寫出訣竅了。我沒閱讀過有關寫作方法與技巧方面的書，都是從實際寫作中摸索出來的。

當然除了寫之外，還要多方面閱讀才行。有一回，花蓮慈濟精舍辦了大學社團研習營，幾位學生問我：「想當作家還要注意什麼？」我說：「讀書！讀書！如果大學時，不肯大快朵頤的品嘗厚厚的書，將來根本沒有根基；如果只想遊山玩水寫旅行遊記，玩完了之後還會有任何東西出來嗎？除了根基，當然也需要有豐富的生活經驗，要達成這個目的就需要恆心！」不過，最後我還補上一句：「要用單純的心，才能聚合更大的心力，去完成你想成就的目標。」

心理學家布魯姆（B. S. Bloom）曾經調查一群有成就的專業工作者，包括鋼琴家、雕塑家、數學家、精神病學家、網球名將及奧運的得獎者，了解他們到底花多少時間才成功？天才是否眞的如此重要？結果發現一項有趣的事實——這些人平均花了十九年才拿到第一個冠軍。一個人的成就絕非靠運氣得來，而是持續不斷努力的結果，這需要單純的心智才能辦到。一個失去單純心智的人，沒有辦法將工作與目標付諸實現。唯有單純者才會不顧旁人的眼光，一心一意做下去，實現閃亮的心智和目標。

豐田汽車的創辦人——豐田佐吉是從發明自動紡織機起家的。他的爸爸是一位木匠，而佐吉自己連國小也沒畢業，但他下定決心要當一位發明家，下苦心學習、觀察織布機的操作，參觀東京機械展，終於累積到足夠的知識與經驗，發明了一架自動織布機，而他的發明比當時英國的自動織布機快上十倍。

如果你想要成功，第一件事是要確定自己的目標，把目標訂下後，就用一種單純的心智去擁抱它，不要東換西換。當然了，在立志之前要先了解自己眞正的興趣、喜好，並能醉心於此，自然能有勇氣接受挑戰。其次，要懂得請教高明。一個肯去請教高明的人，內心必然常懷單純之心。而不斷的請教高明，擴充視野，累積經驗，終有突破性的發展。

□心懷夢想、採取行動

「踏實的去做」是每個成功者必經的階段。有一些研究報告顯示，許多有才華、受過良好教育的人，很想在某方面獲得成就，但卻不肯下功夫，眞正用心地去實踐它。譬如有些人希望自己在音樂上有所突破，常只是把希望掛在嘴上，卻沒有眞正採取行動、請教高明、接受磨練，鍥而不捨的花功夫，而真正的問題癥結就在於此！如果你的內心經常如醉如癡地想著這個目標，又能劍及履及，遲早一定會完成！反之，則不容易達成。

我曾為美國國會議員李斯•伯朗（Les Brown）所寫的《夢想改造一生》（*Live in Your Dream*，天下出版）寫過序，書中記載他成長的經過。他自懂事以來即失怙，由寡母伴他成長，有時犯了錯，母親會體罰他，但事後母親會說：「兒子，我知道你將來一定能從中領悟成長的！一定會成為一個有用的人！」他的母親告訴他，要常懷未來之路，可是你想像得到嗎？伯朗當時被學校老師判定為「尚可教育」的白癡級學生，是個中下智力的人，他也很清楚自己的狀況。

他在中學時遇到一位很好的老師渥森頓（LeRoy Washington），為他指導演講，告訴他要心懷夢想，要專心致意去練習。如果想要當一位好的演講家，就需如醉如癡，努力以赴。

經過一番努力，伯朗在許多競爭者中奪魁，並在中學畢業後成為一位電台主持人。他因此慢慢地走向政壇，成為美國知名的演講家、政治人物及社會服務工作者。他的成就告訴我們，智力高下並非成敗的關鍵，單純的心智才能使人發揮智能。

□單純與友誼

單純也表現在人際互動上，特別在交朋友時，單純的人是忠厚的，他們比較容易因此得到社會性的支持，得到鼓勵；他們是最好的人生夥伴與事業夥伴。

如果一個人很複雜、容易懷疑別人、提防別人，則不容易成爲很好的夥伴，夫妻間也是如此。我發現夫妻之間的分裂，有許多是由於財務所引起；尤其爲藏私房錢所引起的爭執，往往成爲兩人感情不睦的根本原因。

胡適之先生曾說：「我們在待人時，須於可疑處不疑；在做事時，於不疑處找疑。」一個不懷疑人的人，他們胸襟大、智慧高，能結合更多人發揮其所能。

單純的喜樂

單純令我們感到喜樂，肯面對眞實，從而獲得心智成長。不單純的生活態度，卻會帶來更多隱藏的悲哀和心理毛病。

我讀過一篇英國作家蘇珊‧透爾（Susan Torr）所寫的文章。她出生於一九五二年，家中有七位姊妹。父母不重視教育的結果，使她渾渾噩噩地從國小畢業，竟然連自己名字都不會寫！大家一定會猜想是她智能不好，其實她並非智能不足，只是在學校時太混了。出社會後，因爲擁有姣好的面容及身材，順利謀得餐廳服務生的工作。由於她不識字，所以當別人點菜時她無法正確記下，可是她運用了她的小聰明，胡亂寫一通就丟給櫃台。當櫃台質疑時，她會再去問客人一遍，然後照對方所唸出的菜單複誦一遍就行了。只是這樣做，讓她每天都覺得壓力很大，擔心被拆穿。

十八歲結婚時，她的先生也不知道她不識字，在簽結婚證書前，她特別請教別人怎麼寫她的名字，偷抄在手掌心上，終於度過這一關。婚後與婆婆同住，更擔心被識破。有一天婆婆問：「蘇珊，報上登的節目哪一台好看？」她回答說都不好看，瞞過了婆婆。當孩子上小學後請她教功課，她只得以忙當理由，請孩子問爸爸。只是日子久了，她再也承受不了而崩潰，變得徬徨、抑鬱、足不出戶，這樁婚姻終究以離婚收場。

離婚後，她很快的又認識一位男子。再婚後，育有一子，由於仍然假裝認識字，產生許多壓力和心理問題，不久後又再度離婚，一個人帶著孩子生活。有一次，送孩子上學時，學校的「家長教育班」給她一份資料，她看不懂，終於承認自己不識字，也不會寫字。於是，學校老師開始教她寫字認字，她在三十七歲那年開始學習，之後也常到學校上課、當義工、練習寫作文。當時學校開了一門「編劇」課程，她寫的劇本〈大聲疾呼〉(Shouting It Out)，演出時造成轟動，感動所有觀衆。當她四十二歲時，基督敎女青年會（YWCA）頒給她傑出婦女獎；之後又於一九九四年得到英國文學獎，作品在八百五十件文章中脫穎而出！

想想在同一個人身上，我們可以看見不單純使一個人落難，然而如果以單純的心，專心面對自己的問題，反而會導致他重新振作。

我常看到許多工人階級的家庭中，父母未受過太多的教育，但是孩子的教育和成績都很好，能唸第一志願的大學。在其中可以發現，孩子的父母親都用一種單純的態度對待孩子，用無私的心認眞地生活與工作，孩子所應具備的態度與思考能力都在這得到了培養。

□不單純的危機

別以爲父母親都是博士，子女的教育就會比較好。其實，研究證實這種說法並不正確。特別在美國的一篇研究中顯示：研究生的小孩普遍在學習上發生障礙。到底是什麼原因呢？這是因爲研究生通常忙於自己的論文，又在學校兼任助教，工作太過繁雜，無暇照顧好家庭生活，小孩因此沒能得到應有的教導，造成學習障礙。父母親對子女的教育若缺乏一種單純豐富的愛，對子女的心智成長，也是有妨礙的。

唐朝時的鳥窠禪師是一位得道的高僧，他像有巢氏一樣住在樹上，白居易常去拜訪他，於是兩人留下許多優美雋永的對談。

一天，白居易問鳥窠禪師：「你住在樹上會不會危險啊？」鳥窠禪師說：「你才有危險呢！」當時任州牧的白居易自認位鎮江山，何險之有？鳥窠禪師卻對他說：「薪火相交，識性不停，得非險乎？」意思是說，一個人心理不單純，整天活在利害之中，怎麼會不危險呢？於是，白居易聽了默然領悟。

人們內心複雜的慾望，常燃起人與人之間的權力鬥爭。在仕途上爾虞我詐，互相猜忌，難道沒有危險嗎？沒錯！不單純正是讓自己陷入困境的主要原因。

□感情生活與單純

感情生活出了問題，也是來自不單純。讓自己的感情隨便發洩，往往造成許多糾葛。現代人不重視感情的自持，往往流於浪漫，這是離婚率愈來愈高，彼此間的爭論愈來愈多，家庭功能遭到破壞的原因。

我認爲夫妻的生活以單純爲要，何謂單純呢？一言難盡！看完這一章，你應該爲這件事情做一個清楚的省思。在我過去的諮詢經驗中，曾有一位做生意的先生來找我晤談。他劈頭就說：「我絕對沒有要破壞我的家庭，錯就錯在逢場作戲！」他繼續說：「我捨不得離開我太太，也不願意讓這個家庭破碎，可是我在交際場所認識一位歡場女子，我愈來愈了解她的身世，也就愈來愈不能在感情上自拔。」

於是他有了第二個家，太太無法承受這個事實而大爲光火，想離婚。但他認為今天的事業與光榮是與太太一起胼手胝足打拚出來的，如果離婚是不道德的。我問他當初為什麼要不單純呢？他悔不當初！那現在是否可以結束婚外情？他說：「就是斷不掉才來找你。」

解鈴還須繫鈴人，於是我請他找太太一同做家庭諮商。告訴他太太要以單純心把握四項原則，才不至於兩敗俱傷：

- 不逃避現實，努力去培養新的相處之道。
- 認清且接受他們的婚姻不可能完美無瑕的事實。
- 不以牙還牙才不會擴大爭端。
- 不意氣用事才不會節外生枝。

在確定他們彼此能接受與包容後，他們願意眞誠努力維護他們的婚姻。值得注意的是，在解決複雜的感情事件時，需要的是一顆單純的心，才能眞正解決問題！無論是已婚的夫妻或是在熱戀中的男女，都要聽我一句話，這不是老套的話：單純確實很美、很重要！有一位宗教家說：「我年紀愈大，愈能看出單純的思想及其言語之美，愈渴望用一種簡單的、開朗的心態，去處理複雜的事務！」我謹以這句話送給你當作人生的座右銘。無論遇到什麼事，記得都要以單純的心來處理，如果彼此都懂得這個哲理，事情就容易解決了！

單純的心智

我們有很多的心智是由單純而來。何謂「單純的心智」？什麼都不想，說一就一，百依百順，那不叫單純——那是傻瓜不是單純！單純的心智是指可以平靜地認清眞實，而不會被周遭種種虛幻的東西攪亂。它是代表一個人願意對事情投注心力，做完全的認知。

□知之爲知之

有一位大衛・賀斯蘭醫生（Dr. David Hoslam）在醫學院畢業二十五年後，寫了一篇文章叫〈畢生難忘的一課〉。他回想起剛唸完醫科進醫院實習報到那天，在醫院護理站時，被吩咐必須把聽診器放在那裡，之後便跟著導師進入病房。

老師告訴大家病人罹患的是狹心症。經過老師的溝通後，病人願意接受大家的問診。於是，老師拿出聽診器在病人心臟處聽診，並說明患者所患的是二瓣狹心症，此種病情很容易聽出：心臟在「碰」的一聲跳動聲後，可聽到二聲雜音。老師請大家輪流聽，甲點頭表示聽到，乙、丙、丁聽完後也點頭附和。之後，老師帶他們回護理站，把自己的聽診器打開，將塞在其中的棉花抽出，大家才驚覺剛剛用的聽診器是毫無功能的聽診器！

老師問大家：「你們聽到了什麼？」在一陣沈默之後老師對實習醫生們說了一段話：「以後千萬別這樣，沒有聽到就說沒有聽到。如果你們沒聽懂人家的話，就老實告訴他。假裝知道是怎麼回事，也許可欺騙你們的同事，但對自己和病人是完全沒有好處的！」

在我們的生活中是否也常犯同樣的毛病？是否在欺騙別人和自己呢？我有時和一些年輕學生交談後發現，他們已經養成一種惡習——不知道說知道，不懂得要問什麼，偏要問什麼。單純就是面對眞理，就是「知之爲知之，不知為不知」，愈是單純的面對眞理，心智愈能成長。人若失去單純之心，便會為「讓自己有台階下」而犧牲了眞理，為了在別人面前保持面子，而繞了一大圈做一些沒有意義、沒有價値的事情。我們常把心智浪費在很多無用的事情上，製造很多壓力讓自己崩潰，只是因為不懂得言簡意賅的談吐和單純的生活態度。

生活中所需的原本不多，認識到這一點，生活就輕鬆些，就容易知足。但有些人卻偏偏要招來虛妄之事，最常見的是希望別人給自己面子、掌聲及羨慕的眼光。如果我們用這種方式生活下去，每天就會挑很重的擔子，會把自己壓垮的！現代人之所以迷失的原因是在於不懂得單純心智的重要。

□大愛來自單純

我酷愛閱讀傳記，因為從中可以得到一些生活哲理及智慧。我發現偉人有一種重要特質，那就是單純。可能有人會說：「老師！這些人後來都沒有發財啊！」我的回答是：「可是也沒有人把財富帶到天堂或棺材裡啊！」發不發財並非人生的目的，唯獨單純之美可以讓人的靈魂更加美麗。

在《居禮夫人傳》裡，提及居禮夫婦（Pierre & Marie Curie）發現鐳這種放射元素，當醫學界發現它對腫瘤及醫療有所幫助時，美國科學家來函求教如何煉鐳？公式為何？夫婦倆看完這封來函後，打消申請專利籌措經費來蓋研究室的計畫，而將那份資料寄給美國醫界，讓世人共享他們研究的結果。傳記的作者是居禮夫人之女，她說道：「我的父母寄出信後，騎著腳踏車到鄉間蹓躂去了！」這件事代表了人類偉大的智慧與愛。過去有許多醫學家，冒著危險到疫情最危險的非洲救人，不求回報的付出。居禮夫人也是如此。

法拉第（Michael Faraday）對現代文明貢獻卓著，他在臨終前告訴他太太：「我忘了為妳留下一些財產，也沒有為我的發明申請專利，太太請妳自重。」他就這麼辭世了！我國榮民總醫院的醫師沈立揚是一位名醫，也有這種偉大的情操。他隱忍著癌症的病痛，仍致力於鐳射刀的發展。已封刀的他，還抱病為當時的行政院長孫運璿先生開刀，並以高超的醫技救回了中風的孫院長。在他臨終前，他請求榮總的工作人員，表示自己身無長物，無留恆產給妻子，所居住的宿舍希望院方能讓他們多住幾年。

我要大聲疾呼：人世間真正的菩薩並不是擁有很多財富的人。我們所缺乏的就是這種單純的偉大智慧。

□大志來自單純

禪宗有一則公案，敍述一位擅長繪畫的月船禪師的故事。他的師父圓寂時，交代他將修道的地方蓋成佛寺，使它成爲一個莊嚴的道場，繼續弘揚生命的智慧。他很認眞的接受師父的囑咐，努力的繪畫，並以高價賣畫，因此引起非議。

一日，某員外作壽，請他繪畫助興，當場博得滿堂采。在取得豐厚的酬勞起身欲走時，女主人請他留步，並告訴他能提供一個賺錢的機會。她當著大家說：「像你這樣愛錢的人，只合在我的裙上作畫。」月船禪師不忌諱的直問多少錢？女主人說：「你說多少是多少！」月船禪師答應在衣裙上作畫，畫畢拿了錢就走，因此受到大家的譏諷，說他是愛錢的和尚。

但是月船禪師將錢用往何處呢？那年鄰州大饑荒，他將所有的錢用在賑災上。所以只得繼續這種令人瞧不起的苦難生活，到處爲人畫畫，籌措資金蓋佛寺。當佛寺蓋好之後，他寫了二句話「畫虎畫皮難畫骨，畫人畫面難畫心」，說完盤坐圓寂而去。這二句話的意思是說畫虎不過畫到皮，但風骨卻難於著墨；畫人可以畫人的相貌，卻畫不出單純的心智。只有擁有單純心智的人，才經得起別人的誤會；只有擁有單純心智、願做奉獻的人，才能夠眞正在市井間忍受別人的批評，還能自在完成想要做的事。有大志的人常被人誤爲瘋子，但他們不會多說贅言，仍繼續前行，這就是靠一顆單純的心智，絕不是愚蠢！

單純的儉樸

單純的生活方式會產生儉樸。人生最寶貴的事就是在生活中表現出一種儉僕。佛陀的教化就是教人儉樸，他告訴我們：你的欲望愈多，你的需求就愈多，生活就會陷入壓力和痛苦之中。

□不執著於追求

人變得野心勃勃往外追逐時，會慢慢地失去生活的樂趣，失去生活的自在感。

在隋唐之際，終南山有一位杜順和尚，他是華嚴宗的高僧。有一天他的弟子對杜順說：「我想到五台山去禮拜文殊菩薩。」杜順問為什麼要去五台山呢？弟子說：「文殊在五台山，朝拜過五台山才能得到佛法的精奧，得到解脫。」杜順的弟子就這樣行腳去了。

弟子來到五台山，遇到一位老人家，便請問文殊菩薩在哪裡。老人家卻問他來五台山的目的為何？他答說：「來禮拜文殊。」老人說：「文殊已不在此！文殊是終南山杜順和尚是也。」言畢即杳無蹤跡。弟子感嘆地說：「文殊是吾師也！」於是他想起離開終南山時杜順對他的告誡：

「遊子漫波波，
台山禮土坡，
文殊只這是，
何處覓彌陀？」

意思是說，一個不斷追尋的遊子，不懂得單純心智之美，所追求的只是去過五台山的虛榮，殊不知去了所看到的只是個土山而已，文殊其實就在這裡，你要到何處去找呢？

在佛教的典籍中傳云，杜順是文殊的化身。這位弟子後來趕回終南山，進入佛寺時，才得知杜順和尚前一晚圓寂，他連見最後一面都來不及了。我想我們也常陷入遊子之心，被不停的追逐所驅迫，變得虛榮浮誇，變得迷失痛苦。現代人如果想要改善心靈生活的痛苦，就必須學習單純儉樸。

□渾沌之死

《莊子・應帝王篇》說：「南海之帝為儵，北海之帝為忽，中央之帝為渾沌，儵與忽相遇於渾沌之地，渾沌待之甚善，儵與忽欲報渾沌之德，曰：人皆有七竅以視聽食息，此獨無有，嘗試鑿之，日鑿一竅，七日而渾沌死！」意思就是，北海、南海各有一帝王，南海帝王名叫儵，北海帝王名叫忽，中央帝王名叫渾沌。儵與忽常於渾沌的國度會面，見面時，渾沌待他們很好，吃、喝、休息都在那裡。儵與忽想要報答渾沌。他們觀察到渾沌缺七竅──雙眼、雙耳、口、鼻。於是兩人合力爲他開竅，一天開一竅，七天之後渾沌就死了。因爲渾沌的感官全開，眼亮、口利、鼻靈，所以渾沌不再是過去的渾沌，而變成了斤斤計較的人。

在每一個人的心靈世界裡也一樣存在著這樣的局面，有一個儵，有一個忽及一個渾沌，所以當你開竅時渾沌就死了，所有的快樂、喜悅、寬容就都消失了。

當我們不斷追求感官快樂時，就會產生心靈上的飢渴，失去儉樸之心，開始掠奪和佔有。我們過度開發山區，疏於水土保持，過度砍伐樹木，使台灣的山景看起來就如癩痢頭一般……凡此種種不愛惜大自然的行爲，終有一天，我們必會因大自然的反撲，而自食惡果的。一九九六年賀伯颱風侵襲台灣本島所帶來的災害，便是給我們一記警告，也是我們該反省改變的時候了。

□簡樸的福報

禪宗非常注重對生態與自然資源的珍惜。有一天，有師父與弟子二人，師父要弟子舀水洗臉，弟子把剩下的一點水倒掉，師父馬上往他頭上敲了三下，以告誡他：「生活之中，連一滴水都應當珍惜，這就是生命最根本的道理。」弟子即在當下開悟，他成爲日後的滴水禪師。

現代人是很浪費的，耗用了無數的資源，破壞的環境更是不可計數，我們已面臨天譴的時候，更要有所覺醒。請看看我們隨手製造的垃圾有多少？家中冰箱裡又有多少不要的食物要丟棄？在購買時爲何不三思，少買些也少丟些？這些生活中的細節，都是我們現代人要注意、反省的課題。

單純的人生

生命應以一種單純的方式去實現和體驗。人活得愈複雜，便愈不能自在地揮灑自如。如果能以單純的心去實現自己，心存單純即能掌握所有，盡情展現自己的生活空間。

唐朝的藥山禪師有一次與弟子道吾、雲嚴三人閒聊。他要弟子們看看對面山上的一棵枯樹和一棵茂綠的大樹。然後問弟子：「是枯的對？還是茂綠的對？」弟子道吾說：「茂綠的對。」雲嚴說：「枯的對。」就在兩人對辯時，高沙彌來了。他們就問高沙彌的看法如何？高沙彌在弄清楚題目後說：「榮者從他榮，枯者從他枯。」也是說胖瘦皆對，成敗好壞都對，對生命而言是平等的。這時，徒弟轉而問藥山禪師的看法，他說：「不對！不對！我的看法是我的看法，不是你的看法。」

原來人的生活是不可以抄襲的，每個人必須依自己的因緣與條件走出自己的一條路來。所以，如果你是一個瘦子，就必須過瘦子的人生；如果你是一個矮子，就過矮子的人生。千萬記著：可不要埋怨自己的矮與瘦，因爲矮與瘦是你的身體，你要懂得接受和欣賞，才能生活得喜樂。

有些殘障朋友只有一隻腿或一隻手，怎麼辦呢？希望你們成爲一手擎天的偉人，或獨腳走天下的豪傑；如果你是獨眼者，就讓自己成爲一目瞭然的智者。這就是生命的道理，也是生活的智慧。

結語

每一個人都能用自己手上擁有的東西，揮灑出亮麗的人生，如此的生命態度就是禪法中所說的單純。單純是無法定義的，透過這一章的敍述，你應能漸漸領悟單純，而這些領悟是存在於你的心裡，而不是在於白紙黑字的解釋。禪法是無法定義的，因爲下定義就切割了內涵與外延，而限定了生活的無限延展。當我們留下內涵丟掉外延後，就會變得僵化不單純。

單純是眞、善、美的來源，單純是人類心靈世界的淨土，也就是古佛的心。所以當弟子們在請教法眼文益禪師「何謂古佛的心？」時，他回答說「慈、悲、喜、捨」。單純流露出無限的人生智慧，與無限的慈、悲、喜、捨。我們要懂得去運用如此靈巧、閃亮的智慧！

第五章

過有創意的生活

從舊經驗中解脫，
就能運用它，
去創造新的生活天地。

現代人因爲競爭激烈，不斷追求成長，心靈上面對許多壓力與挑戰。我們爲什麼要以這樣的方式生活呢？爲什麼年輕人必須生活在升學壓力之下？成年人爲什麼要榨盡力氣來追求工作表現，然後急呼呼趕著休閒和度假呢？道理不難了解，因爲我們心中有一種衝動和慾望。心理學的研究已提出警告：我們身體的狀況和健康情形，來自我們對生活的看法與態度。目前這種競爭和追逐物慾的生活方式，顯然壞處多多。

現代人生活緊迫，不斷壓榨自己，雖然物質生活比以前好，但是精神上卻喪失了自在與悠閒。因此，我們必須在生活與工作中做些調整和改變，過有創意的生活。

坐禪對身心的調整

透過禪法的修持，會覺察生活的眞正目的，把握爲何而活，以及活著的本質。透過禪的修持和自我反省，我們在身心的調整上，會有一個全新的見地和態度。在這方面，西方的研究遠比東方客觀，他們提出了許多值得我們檢討的證據。

□生理放鬆

瓦禮士（Robert K. Wallace）和班森（Herbert Benson）是美國哈佛大學的兩位學者，他們兩人爲了研究修習禪定的人在身心方面的變化，做了一些實驗。

他們找來三十六名年齡不等的受試者，都受過靜坐訓練，有兩、三年的靜坐經驗，每天練習兩次，一次約二十分鐘，把注意集中於思想精微的部分，著落於意念的根源。在靜坐二十至三十分鐘之後，身體的耗氧量會開始下降，減少了百分之十六。而一個人在睡了六小時之後，其耗氧量不過降低百分之八。耗氧量減少，表示我們身體所消耗的生物能比較少，也就是說，當時我們處在一個比較輕鬆自在的狀態。

這並不意謂著只要靜坐半小時，就抵得過六小時的睡眠。而只是告訴我們，靜坐能讓一個人很快獲得休息，而且能降低身體的耗氧量。

其次是靜坐之後，血乳酸濃度會降低，而且降低的速度是一般性休息或小寐的四倍。血乳酸是測量焦慮的指標，越容易感到焦慮的人，體內的血乳酸就越高。

其三是靜坐二、三十分鐘之後，皮膚電阻提高了四倍。皮膚電阻是一個人是否輕鬆的指標，皮膚電阻提高，表示他當時身心都處在比較輕鬆的狀況。

第四是腦波的改變，緩慢而明顯的 α 腦波開始出現，這也代表一個人是處於輕鬆的狀態之下。

這些發現告訴我們，禪坐或靜坐確實能使人降低焦慮，身心獲得舒泰。但是我要補充說明，如果你原本就是一個容易緊張、焦慮的人，要現在馬上透過靜坐來減低緊張焦慮的程度，並不容易。因爲這必須先受過一段時間的訓練，而且要長期做運動調整身體。

另外有一些報告也頗發人深省。美國紐約有個東徹斯特（Eastchester）中學，學生在校內時常打架，師生也經常發生衝突，不少學生吸大痲菸，該校因此推行靜坐活動。經過一年的實施和觀察之後，他們發現學生的學業進步了，師生或親子之間的衝突減少，同學相處的情形獲致了很大的改善；吸毒的問題也減少了。

我們從許多研究和追蹤報告得知，禪坐或靜坐對人的幫助很大。許多醫生和心理學家也指出，靜坐和禪坐是身心回復平衡的自然有效方法。

□心理歡喜

上面所述是禪坐對生理所產生的改變，接下來我總合其他報告，提出下列幾點有關禪坐對心靈所產生的影響。

第一個影響是禪坐產生超覺。我們平常都是透過感官知覺來生活；一定要用眼睛看、用耳朵聽、用鼻子嗅、用心知覺思考和察覺，但是這些感官都帶有許多偏見和成見。然而受過禪坐訓練的人會慢慢超越刻板的感官知覺，也比較不會被僵化的思想模式所綑住。也就是說，他們比較能從執著和偏見中解脫出來。

我們常認爲自己的思想很自由，事實上不然。例如某人用錢很節省，幾乎至吝嗇的地步，常常捨不得花錢。他說這是自由的抉擇和行動，其實，他的吝嗇觀念可能是成長過程中匱乏的生活經驗所形成的偏見而已。

相對的，一個人如果用錢揮霍無度，沒有辦法控制自己，看見喜歡的就買，這表示他用錢自由嗎？不！他看見東西就想佔有，想買回家，他根本失控了，因此他也失去了自由。這種人看見喜歡的物品，就被喜歡的感受牽著鼻子走。

我們的思想包含許多過去的經驗。當我們用過去的經驗來思考現實問題時，我們很容易被舊經驗綁住。不過長時間練習靜坐的人，他不再粗糙地運用過去蒐集的資訊來判斷問題，而是透過精緻的體驗來回應新的事件，處理新的遭遇。這樣的超覺能力只有內心自由，不被過去經驗繫縛的人，才能做到。

其次是靜坐的時候，我們能從現有的意識思想中解脫出來。這時我們擺脫了粗糙的感官世界，以較細膩的知覺看外界，結果完全不一樣。例如，當你內心平靜、沒有干擾的時候，到街頭逛一圈，就會發覺商店門前的霓虹燈看起來很美，台北街頭很繁華，走在紅磚道上有種歡喜、自在、悠閒與美的感覺。

不僅如此，你的敏感度也會提高，過去沒有發現的事物，現在比較容易發現了。也就是說，當你內心平靜的時候，你會與當下的周遭環境，產生一種無法用語言文字敘述的感覺，你只能說那是親切與溫馨。

受過一段禪坐訓練的人，在回家之後，對家人就會產生這種親切與溫馨的感覺；在工作上，他也會有充實的感受，使他更專心投入工作，進而發展內在的潛能。

第三點是悠閒，也就是悠然的醒覺（restful alertness）。一個人悠閒的時候最容易產生最直接的醒覺。我們在第三章中曾提過，當你全心投入於爬山時，就發現路旁的小野花對你招手說早安。這時你會與之產生共鳴，變成詩人。若把當時的感受簡單地寫下來：「我散步在小徑上，紫色的小野花隨風飄著，對我招手，我們互道早安。」這就是一段很美的詩。一個人會寫詩就是因為他有這種悠然的醒覺。科學家也是透過這種醒覺所產生的直覺 (directed perception)，才能有新的發現。

第四是我們會在心靈中發現一個深度的自我 (inner most self)。一個有經驗的禪坐老師會告訴初學的學生，靜坐其實很簡單，就是「你陪著你」坐著就行了。第一個我是誰？第二個我又是什麼人？那個老是覺得毛毛躁躁的自己就是平常的我，另外一個我則是深度的我。誰陪誰呢？應該是毛躁的我陪著深度的我。這時你會發現，那個毛躁的自己會慢慢悄然隱退，最後你會察覺到眞我。

人在發現到眞我的時候，會有一種回家見到親人的感覺，令人自在喜悅。這件事必須每個人自己去體驗，方法很簡單：禮拜天找一座近郊的山，慢慢走兩小時之後，在大樹下盤腿坐下來，不出聲地靜坐十分鐘。因為運動時，浮躁的思想會逐漸隱退，體內的化學平衡回復至鎮定狀態，身心眞正安定下來，這時直覺出現了，你會發現內在眞正的自己，所謂見到自性是也。

當你見到自性時，便知道要學物理、數學要靠它；發展事業、經營家庭要靠它；談情說愛要靠它；宗教上做深度的禱告，倚靠的也是它。它是內在深度的自己。當你察覺它時，會有無比的安慰和歡喜，那就是禪喜了。

學禪方要

心理學上有所謂「人鏡自我」的觀念。意思是說，我們對「我」的觀念是從蒐集別人對自己的看法累積而成的。這個自我的觀念，並非本來具有，而是在成長過程中，環境所造成。但是通常都以爲那個蒐集而來的資料就是自己，禪者稱之爲「認賊作父」。比如小時候你成績不好，或者家境窮困以致被人瞧不起，你把這些看法蒐集起來當作自己，因此而自責自棄，這不是很冤枉，而且認賊作父了嗎？

我們內在的眞我是平等的，貧窮與富有是平等的，學業好壞是平等的，高學歷與低學歷也是平等的。那個深度內在的自己叫「深心」，當你見到它的時候，會覺得世間一切平等，便能凡事以達觀的態度來面對。這件事需要你用心慢慢玩味、體會才行。

如何把禪運用在生活與工作上呢？你可以早上或晚上抽出二十至三十分鐘靜坐，甚至中午休息時刻把腿盤起，讓自己完全平靜下來，這對自己有很大的幫助。當我們把這種靜態訓練的心得，慢慢轉移至生活與工作中時，思考會越來越清醒，變成一種活活潑潑的運用了。那時，即使有人對你擺臉色、譏諷你、責罵或侮辱你，你也比較能處於平靜狀態，擺脫情緒衝動和困擾，那就是解脫。解脫使我們的煩惱相對地減少，緊張、焦慮隨之緩和，思考也就清楚中肯了。

我們在日常生活中除了打坐之外，學禪還有三件對自己影響很深、很受用的事，我們一定要學習：

・開放你的經驗。
・培養同理心。
・過創造的生活。

這三件事是禪的核心。如果你不能每天進行禪坐，在平常的生活與工作之中，要努力保持這三件事。所有學禪的人最後都發現這三點對自己影響最深。

這三點並非我所創。在《六祖壇經》中說：

「外離相為禪，
內不亂為定。」

外離相是指我們不要被外界形形色色的事物所迷惑、所牽絆。有時候我們遇到不公平的事情，會忍不住想和對方爭論或拚鬥。這時你就要提醒自己，你被一個現象（有相的事物）綁住了。你必須從表象當中解脫出來，離開外相，這就是禪。學禪的主要目的就是要訓練自己的心，不被周遭的種種現象綁住，內心因此不會產生紊亂、煩惱和焦慮，這便是「定」。

禪學上所謂「心念不起名為坐，內見自性不動名為禪」。坐的意思是我們的心不會被種種浮躁的念頭所絆，不受制於慾望，然後能看見深度的自我，產生一種統合性覺察，這就是純粹的智能，也就是智慧。

禪宗史上有個故事，可以說明我們何以必須學習上述三件事。唐朝的懷讓禪師有位弟子叫馬祖，是四川人，十二歲即出家。當馬祖來到天台山拜懷讓爲師之後，每天都認眞打坐，非常用功。懷讓見他可爲，覺得應該教導他，便到馬祖打坐的地方磨磚。

馬祖見了便問禪師原因，懷讓說磨磚做鏡。馬祖問說，銅才能做鏡，磚怎能成鏡呢？懷讓反問馬祖在做什麼，答曰打坐。禪師再問，打坐做什麼？答說學禪、學佛。懷讓接著說：「打坐怎麼能學禪、成佛？禪不在坐或臥，佛沒有一定形狀。法是無住的，如果執著於坐相，便永遠見不到；如果以爲禪就是坐，你永遠無法開悟。」從那天起，馬祖對於坐禪有了很深的體悟。他知道坐禪只是訓練的過程，是一種工具，最終的目的是要達到上述三項心靈的訓練。

經驗的開放

小時候我的祖父曾對我講過一個小故事。他說，有個小孩從田裡回來，告訴他的祖父說，他在田裡看到一個田螺，然後用手比出田螺的大小。隨後他又跑去告訴祖母這件事，也用手比出田螺的大小。不過兩次所比的大小有出入。後來祖父和祖母就爲了田螺的大小吵了起來，彼此都認爲對方在說謊。他們之所以爭吵，是被剛剛接觸的經驗或知見所綁住。其實，每個人的經驗和知見都因其生活不同而有異，若各持己見，當然會發生爭吵。

任何進入我們記憶的過去經驗，並不能直接解決我們眼前的問題。我們需要以純粹的智慧思考和判斷，才能參考過去經驗，設法解決難題。然而，我們卻經常以意識層面的經驗爲基礎做爲判斷，以致活在偏見和刻板的思考模式之中。

有句話說：「一朝被蛇咬，十年怕草繩。」在成長過程當中，尤其是從兒童到少年階段，如果常被小惡霸欺負，對人就會產生懼怕，長大以後會有種強烈的防衛心，交朋友就很困難，而且不敢面對壓力較大、衝突較多的事情。所以，爲人父母的除了須留意自己，不要用高壓手段管教子女之外，也要提防子女受到不合理的暴力所侵害。

我們追蹤在校園受過暴力侵害的孩子，發現這些孩子會有一種揮之不去的陰影，沒有自信、容易沮喪，而且有羞恥感。他們的情緒困擾和心理障礙也比其他小孩多。再者，他們的人緣較差，不敢與人交朋友。而女孩子長大當了媽媽之後，對小孩會比較冷漠，反應也較差；影響所及，她的小孩的心智發展也比較遲滯。

更值得我們留意的是，長期受這種暴力傷害的兒童或少年，緊急事件或意外事故發生的比例會比其他人高三倍。原因是他們的心靈中仍然留存著過去的經驗，無法從中解脫出來，看到人就害怕或退縮，遇到難題或壓力較大的考驗時，會因爲信心不足而自亂陣腳，或產生錯誤的反應。這都是過去的經驗不斷在干擾他的結果。

所以人必須學習不受制於過去的經驗。禪的宗旨就是要打開寬闊的思考空間，用深度的自己去看眞實現象，重新做正確的判斷。

□意識的開放

如果我們在工作與生活中，完全依據過去的經驗來解決當前的問題，就會發生許多困難。日本企業家盛田昭夫講過一個故事：第二次世界大戰時，新力公司向美國貝爾公司購買電晶體的專利，把電晶體拿來繼續研究，想以它取代眞空管，製造一種人人能拿在手上的小型收音機。他們產品開發出來，拿到美國發表時，美國也有一家公司開發成功，準備推出。然而市場調查的結果，大衆反應不佳，大多認爲小型收音機聲音不夠大，音質也比不上大型眞空管收音機；也就是說，將來沒什麼人會買。

美國公司獲得這個訊息之後，便決定不生產這項產品。可是盛田昭夫卻認爲不應該受這項經驗的束縛，應該向過去的經驗說「不」。雖然大多數人都認爲市場不看好，但是他堅持相對的態度。這就是禪宗所說的「無」，也就是從現有的經驗當中解脫出來。

新力公司改變原有的觀念，開始打廣告。他們認爲，未來是一個資訊爆炸的時代，日本和美國都有那麼多電台，每個人都應該擁有一台收音機，選擇自己想聽的節目。廣告打出去之後，大家都覺得說得頗有道理，就這樣，新力公司以新觀念創造了新需要，而這個新需要造就了日本收音機獨霸全世界的局面。這是日本電器稱霸世界的第一仗，而他們之所以會贏，只是因爲他們受過禪的訓練，敢向舊經驗說「不」而已，也因此創造了新局面。

□嘗試新事務

多年前我也見過一件類似的事情。那時我念高中，利用寒假到台北來做生意。有時生意做完了，一群年輕人便結伴到圓環品嚐美味。那一年，有人在冬天開了一家冰菓店。我們心想，冬天賣冰給誰吃？那老闆的說法是，冬天吃冰才過癮，咬起來會唰唰叫，口感很棒，而且吃完之後還可以一路咬回家（因爲冷得發抖之故）。開幕不久，我也去嚐嚐吃冰的滋味——還必須排隊呢！誰說冬天賣冰沒人吃！

有人說農曆七月是鬼月，不能結婚、不能搬家、不能開張做生意等等，可是七月份結婚而恩愛一輩子、白頭偕老的人大有人在，七月份開張賺錢的人還是很多，因爲他們懂得放下。

我們的心很脆弱，冷不防就被過去的經驗綁架，以致無法清楚地思考和創造。

現在一般人都認爲，每個小孩都應該好好讀書，要考上大學，讀研究所，拿博士才對。可是你有沒有想過，那些學歷不高的人，是不是就沒法走出一條寬廣的路了呢？不盡然！關鍵在於一個人能不能認清自己的天賦，然後適才發揮，所謂「什麼布，做什麼衣服」，這種人才能成功，而不是硬拚硬想就能有成就。

現代人常說：「愛拚才會贏」，並奉爲金科玉律。其實，拚過之後還是輸掉的人很多。我認識的人當中就有人很拚，拚著考法官、考高考，他們都說拚完了再來養身體，可是拚完就得了肝病，放榜時肝病已更嚴重，因此沒做幾年公務員就揮別人間了。這哪算贏？

眞正的贏必須靠智慧。我們應該努力，打拚是我們的本分，可是不是硬拚，不是依照刻板的印象去拚，而是要用創意，在生活之中走出光明的路。

□超然的態度

人若想擺脫過去的經驗，不再受其束縛，就必須在日常生活當中學習超然的態度。當你遇到難題時，必須面對它，先好好蒐集資料，然後以超然的角度做決定。譬如，「不繼續讀書就沒有別的路可走」的想法並不是正確的，只要你留心，就會發現許多成功的人，當時沒有繼續升學，而在工作一段時間，心智較成熟了，再重回學校念書，前景一樣光明。我們不要認爲事情只有一個解決辦法，當遇到困難時要懂得轉彎，懂得超然思考，事情就會有新的發展。

親子發生衝突時，爲人子女者往往認爲父母待他不好，凡事都站在自己的立場想，不以超然的角度設想，就不能看清事情的眞相。做子女的人若能想到，天下沒有不管小孩的父母，他們對子女的顧慮是出自天性和責任，管教子女是父母職責所在，而且是件很辛苦的事。另一方面，做父母的人若也能體諒小孩成長到某個階段，想要爭取多一點自主是無可厚非的。超然的態度使人有能力作統整客觀的思考。

有位父親要求兒子當天晚上必須把家裡整理乾淨，可是孩子心想，今天晚上電視有個好節目，不想錯過，所以孩子不接受父親的要求。屆時，孩子眞的守在電視機前，父親見狀便過去把電視關掉。衝突因此升起，這是兩人都不肯持超然態度的結果。

這兩人若能夠以超然的態度來看這件事，思想就會開朗，解決問題就有創意。他們會發現，還有別的路可走。小孩在聽到父親的要求之後，也許可以對父親說：「老爸，今天晚上的節目很好看耶，你要不要看？」兒子要求父親讓他看電視，而且邀他同賞，然後提出承諾，保證明天一定會把房間整理好。做父母的若聽到子女這樣的說明，心裡會很溫暖！這就是智慧。當你採取超然態度來思考事情的時候，就會有一個非常寬廣的視野，而比較能夠把事情處理好。

當我們的意見與人不合、發生衝突的時候，要以超然的立場來看，不被主觀的經驗牽絆，你就能想出新的方法來面對和解決。

□參禪中開悟

禪宗有一項巧妙的訓練，就是「參禪」。我們在日常生活中，就應該懂得參禪的方法，因爲只有透過參禪，心靈才能入定。你不一定要打坐，只要學會參禪，你的心就會慢慢穩定下來。

什麼叫「參禪」？一個人在參禪的時候，會產生比較純淨的智慧，而且能擺脫過去的經驗。多年前向白聖長老學參禪，讓我受益很大。方法很簡單，只要想像自己現在生病，然後死掉了，接著屍體浮腫、潰爛，旁邊有許多蒼蠅飛繞，然後肉體腐化，風吹雨打之後只剩白骨一堆，再經日曬，變成了枯骨。然後拿隻槌子把它槌一槌，磨成粉之後，再拿到太陽下曬一曬。這時起了一陣風，骨灰被一陣強風吹走，全然不知去向了。

白聖長老帶大家想到這裡，要大家隨他念「阿彌陀佛」，然後問大家，「念佛的人是誰？」剛剛那句「阿彌陀佛」是從哪裡發出來的？注意參「念佛的源頭」，也就是那話的源頭是什麼。結果有很多人當場愣在那兒，他們發現話頭就是那個眞我。

我們的身體從小慢慢長大，然後衰老，有生有死，可是有一樣東西是不生不滅的，就是我前面提過的「內在的自己」。當你發現內在的自己時，會更珍惜自己，會覺得自己的成敗和貧富貴賤不是那麼重要了。你會達觀起來，而能放手眞正做事，放手眞正生活。這是我第一次感覺參禪的啓發性。

參禪還有其他方法，我也常使用它。我以前碰到不如意的事，心裡也很急躁，急起來一樣會罵人。後來有一天，我發現了一個參禪的方法，那就是參觀音竹。那天我讀到《菜根譚》的一段話：

「風來疏竹，風過而竹不留聲；
雁渡寒潭，雁去而潭不留影。」

這時我心裡若有所悟，覺得人眞像竹子，一陣風吹來便發出沙沙聲，然而風一過便又靜止無聲。

但是人若被惹火，卻往往一輩子放在心裡，至少也要氣好幾天，有如竹子被風吹過之後，還沙沙地搖個不停。這簡直是折磨自己，自我傷害。

人的許多困擾，都是這種慣性的自擾所致。他們不懂得「風來疏竹，風過而竹不留聲」的道理，把過去不愉快的經驗存留在心裡，不願意放下，那麼我們就像那竹子不得停止搖擺一樣。人家慨嘆「樹欲靜而風不止」，自己卻「風已過而樹不靜」，這不是很荒謬?!

我參竹子的方法是每天畫竹葉和竹子。書桌上擺著我所畫的竹子，天天看它每次都想到《菜根譚》的那句話。

就在我參竹子之後不久，有天當我走在紅磚道上，有個年輕人騎機車以很快的速度從我後面衝過來，車子勾到我的西裝口袋，把我整個人往前拖著走，差一點就撞上電線桿。我當時又驚慌又氣憤，吸了一口氣正準備罵他，但是我卻「噗通」地笑了出來。我對那年輕人說：「你這年輕人，簡直傑作！」然後數說他怎麼可以在紅磚道上騎摩托車，還騎這麼快！還好我尙年輕，如果老一點可能就沒命了！說完，那年輕人很誠懇地向我行個禮走了。

你知道我當時爲什麼會笑出來嗎？當我很生氣，正要開罵的時候，腦中突然出現一叢竹子，而且如在眼前般逼眞，讓我立刻想到：事情都已經過去了，你還生什麼氣！我因此覺得好笑。

我從這件事獲得了一個心得：平常所參的事物，在我們急需的時刻會出現！後來我在報上讀到一篇短文，勸導年輕人不要覺得長輩一再叮嚀的話很囉嗦，其實，那些不斷重複的話最爲重要。他們不斷地提醒你，就像參禪一樣，等到有一天你眞正面對那些事情時，你就會發現長輩的慈悲。

我自從看過那篇文章之後，便不再覺得自己囉嗦了。對於年輕人，有些事我還是一而再、再而三地重複叮嚀，而且坦白告訴他們，我必然會重複叮嚀，請他們不要覺得厭煩，因爲那些話對他們會產生很大的作用。請你牢記父母對你一再叮嚀的話語吧！它們有一天會發揮功用，那時你才體會到疼你的畢竟是父母。這也是一種參禪。

開悟時，過去的經驗不會再束縛你了。你並非忘記那些經驗，它們依然存在，只是你不再受它們的牽制，獲得了眞正的開悟與自由。這時，我們的許多思考和以前不一樣。

佛陀在世時，在這方面對弟子下了很多功夫。他出很多很有趣的問題問弟子，考驗他們參禪是否已經獲得成就。那些話語有如益智問答，第三章中提過的「海水多還是一杯水多」的問題就是其一。

我們可能窮畢生之力賺很多錢，買很多珠寶存放在銀行的保險箱中。請問，你有很多時間去把玩那些珠寶嗎？你認爲那些珠寶眞屬於你嗎？那些珠寶曾經屬於很多人，也經過了很多人的手，然而你只是暫時擁有而已。即使把它們放在棺材與你同葬，等子孫幫你「撿骨」時，那些珠寶也是拿來賣掉，戴在別人身上了。所以，世間物品不過過眼雲煙。你若能參透這點，就會了解「海水多還是一杯水多」，對生命增加一點灑脫感，而更能把握當下。

人生如戲，要努力演出一齣戲，但也要知道這是戲，要看清它的本質，不要被矇蔽。重要的是你要能回到眞如的精神世界，你的老家。

□無我的謙卑

人要練習一種「無我」的謙卑。禪宗的趙州禪師就經常與弟子做這種訓練。有一次，他和弟子文遠比賽，誰把自己貶抑得最低就算贏，但贏的人就輸掉他手中的那塊餅。做師父的先說自己像一頭驢子，文遠接著說自己是驢子的屁股，師父說他是屁股的糞，徒弟說他是糞裡的蛆。比到這裡，師父問：「蛆在做什麼？」徒弟答說蛆在度暑假。這時師父宣布徒弟贏了，但那塊餅卻被趙州贏走了。

這個比賽的涵義是要把一個人高貴的成分去除掉。而很重要的一點是，比到最後，蛆在做什麼？文遠的蛆在度暑假，多悠哉而自由呀！

現實生活中我們也發現，有些窮困的人通達人生，每天歡喜度日，而有些富甲一方的人卻整天愁眉苦臉，不知如何處理自己的財產。我在報上就讀到一則報導，說台北某地區有位財主，整條街的房子都是他的，不知道怎麼辦，又不肯賣掉一些，整條街都得由他管理，令他頗為煩惱。

人若沒有參透人生，就不可能從無我中看出生命的眞相，就會經常需要財富和面子來鞏固自己。當我們把「愛現」的心參透了之後，反而能放手生活，自在地運用創意解決問題。這樣的人生才是成功的，其生活與工作顯得活潑振作。

同理心的伸展

生活的主體其實是感情，而非理智。當然理智是不可缺的，不過理智的作用在於輔佐感情，使之更為豐富而成熟。我們以為理智在做決定，其實是感情在做最後的決定，理智只是一套邏輯推理系統，是辨別是非的依據，但最後的決定要靠感情。我們的人生就是要理智與感情得到調合，才能自我實現，才會有創意和喜樂。

□在生活中同理

禪告訴我們，在日常生活和工作當中，要做一個「覺有情」的人，也就是要有豐富的感情，但是也要察覺自己的感情。這樣生活和工作才算成功。光有理智不能行動，而行動的力量來自感情，理智與感情不可分，所以生命是「覺」和「有情」的融合表現。

《楞嚴經》裡有一段觀世音菩薩說圓通的故事，詳細說明自己修證的過程。他說：「初於聞中入流亡所，所入既寂，動靜二相了然不生。」是說剛開始時，我從感官的聽聞入門，凡事都很認眞聽，但是常常被過去的經驗牽著走，以致弄不清楚是非對錯，而迷失在其中。慢慢地，不再迷失了，我能直接用智慧去聽。這時，與外界回應的是一種純淨的智慧，因此，我超越了矛盾，超越了成見與偏見，產生清楚的思考和覺察。

接著，「忽然超越世間，十方圓明，獲二殊勝：一者上合十方諸佛本妙覺心，與佛如來同一慈力。二者下合十方一切六道衆生，與諸衆生同一悲仰。」這時，我的內在突然產生了豐富的感情，也就是同理心。當我們的心解脫種種執著以後，再來觀察世間萬物，會突然產生兩種能力。一種是上合十方諸佛，也就是一般所說的上合天心；一種是下合衆生的想法，他都能感受到。

一個人對家人或朋友的遭遇若能產生共鳴，而且上體天心，下合對方的心情，這就是眞正的同理。同理包含豐富的感情，因此彼此能產生深度的互動。這是人的心靈最寶貴的一部分。我們對家人會有種一體的感覺，是由此而來；對同胞會產生愛，是由此而來。

我們若不讓自己的心安靜下來，並且捐棄成見，就不可能坐下來享受與小孩的對話；若沒有安適的心情，就不會有時間體驗與家中老人相處的天倫之樂；若沒有一份眞正的深心，不能與外界起共鳴，就難以體會與大自然息息相關的共存關係。

人若能從種種經驗中解脫出來，產生同理心，他會有種更活潑開闊的感覺，生活的興致變得活潑，態度也日益開闊。從執著中跳出來，就容易產生同理心，而開始活潑起來。小孩子執著的情況比較少，所以當他看到蟑螂時，會模仿牠的兩隻觸鬚伸張的樣子，然後告訴你牠有幾隻腳，腿上的細毛有多長，這些事他都覺得很有趣。大人卻不然，他覺得蟑螂很髒，會傳染疾病，並以此告誡小孩。所以，下次小孩見到蟑螂時，便跳到椅子上喊救命。他已經受到你的經驗阻擋，無法發展自己新的、具有共鳴的同理經驗。

家中若有長輩過世，照理說，這是學習正確面對死亡、啓發人生的很好機會，可以成爲良好的死亡教育。然而，我們談死色變，告訴小孩死亡的可怕，而不要去探視。日後小孩對死亡就非常害怕。我們缺乏死亡教育，教導人們了解死亡，進而了解人生。我們肯定「不知生，焉知死」的道理，但卻忘了關懷「不知死，焉知生」的另一眞諦。

結果我們不能在死亡教育中產生生命的同理。

再者我們也要與山河大地同理。有一位禪者曾經寫下他的感受：

「千年竹，萬年松，
枝枝葉葉盡皆同；
未報四方玄學者，
動手無非觸祖公。」

千年的竹子和萬年的松樹，乃至所有的植物，與我們都息息相關，一脈相連，不可破壞。在佛學的世界裡，山和樹都是有生命的。所以說山有山神，水有水神，樹有樹神，因爲人與祂們共鳴同理，將之人格化。然而，我們現代人已經忘記這些事實，沒有好好地愛山川河流，沒有保護林木土石，總有一天，天地震怒，災難滾滾而來。

花草樹木都是有生命的，所以《阿彌陀經》中說，西方極樂世界的花草樹木都會念佛、念法、念僧。蘇軾體會過這件妙事，所以他仕途雖坎坷，卻依然懂得遊山玩水。他有一句詩句：

「溪聲盡是廣長舌，
山色無非清淨身。」

意思是說，河流和山脈都能不斷爲我敍述衷曲，與我做朋友，給我安慰和啓發。眼見的山色就是我們心靈的淨土，也是讓我們省思，進而與之產生同理的根源。

□科學家的同理

一個科學家之所以能成爲科學家，也是由於他有同理心。我讀過一篇植物學家所寫的文章，他說，你若長期觀察台灣的山脈和植物，就會發現大自然是多麼奇妙。台灣每隔幾年就會有一次大颱風，把山上的樹颳斷，讓底下的小樹叢得以成長繁茂。等到這些小樹變成綠蔭遮天，下面的植物開始蕭條的時候，就會又來一次大颱風。他說，大自然好像有一種規律的生命力。

科學家也常用同理心來觀察大自然！

有一本書叫《所羅門王的指環》（*King Solomon's Ring*），作者勞倫茲（Konrad Lorenz）是一位曾經得過諾貝爾獎的科學家。這本書談到許多他與動物之間發生共鳴的趣事。他說，當鳥兒飛到他的屋簷下的時候，他覺得似乎可以跟牠談話。小鳧是一種野鴨，剛生下來的時候，只聽母鳧的話。有一次，勞倫茲在他做實驗的校園草叢裡翹著屁股，壓低聲音學母鳧叫，邊叫邊退，把小鳧引過來。正當他和小鳧玩得不亦樂乎，完全投入之時，偶一抬頭，發現旁邊圍了一大群人在笑他荒誕的行動。事實上，勞倫茲就是這樣做科學的觀察與研究。

科學家必須和他研究的對象產生同理，才會有深入的體會和發現。我們的生活、工作和人際活動也要培養同理心，才會有新的體驗和互動。

我在工作和研究上就常有這種感受。當我對一個人進行心理諮商時，一定要與他同理，才能幫助他看清問題，過了一段時間之後，他自己就會產生解決問題的能力。諮商是靠著這種力量來助人成長的，而不是直接告訴他答案。

詩人、文學家或藝術家也是如此。感人的詩篇和創作都是從同理中寫出來的。

宗教家在解脫執著之後，也會產生很好的同理。他可以和上蒼同理，而感覺與主同在。當他感受到與十方諸佛感應，念佛或禱告才有眞實的感受。許多人裹著一層深厚的塵垢禱告或求佛，當然不容易相應。你若能解脫舊有的執著，眞心的懺悔改過或祈禱，方能產生精神力量。

無論科學或宗教，無論人的慈悲、創意或生活興致，都是來自與萬物的共鳴和同理。所以每一個人都要懂得開啓自己的心靈，去與自然同理、去與他人共鳴，心境就會豐富開朗，精神生活必得開展。

過創造的生活

人若能打開自己的心靈，不被種種塵勞、成見和煩惱所障蔽，就能與周遭產生共鳴、同理和發展覺察能力。這時無論是知性的覺察或感情的省發，都到了清醒的地步，那時就可以開始去過創造的生活。他不再生活於虛妄的企圖中，而是落實在眞實的情境，對自己的生活與工作如此，對生命也是如此。創造是指能看清眞實，用自己手中所有的一切去成長、去學習、去展開生活之美。創造不是一味地追求和佔有；因爲受制於慾望和虛妄的企圖，只能給自己帶來窘迫不安，反而不能開展自己的潛能和創造力。

古人說「老實生活」就是面對眞實，它使人淸楚地看到怎麼做對事實有益。我們必須接納事實，在事實中走出自己的人生路，並發展活潑喜樂的人生。依我的觀察，有三個原則是開展創造生活所必須的堅持。其一是回歸到生活本身：把它當重心，不要把它當手段；如果凡事考慮的是佔有和得失，你會失去重心，失去良好的回應能力。其二是保持單純的態度：越是能把精神力量放在所要做的事情上，成功的可能性也越大；智能和學識只是一種工具，眞正引導你走向豐收的卻是專注和單純。其三是興致：你要培養並保持良好的興致；有興致的人處處朝氣蓬勃，沒有興致的人覺得消極沮喪。

如果你能透過經驗的開放，運用同理和共鳴，而打開專注、新奇和覺察的心靈，你的工作效率會大大提高。你會發現生活與工作就是現成的，是無需妄求的，這樣潛能就會慢慢地展現出來，並體驗到單純之樂和雄渾有力。

我發現把企業辦得很成功的人，他們的心靈很單純。他不是在追求，而是在創造。有些人事業發展到某個程度，對心靈生活有所掌握時，表面上他每天做生意，其實他是在創造。經營對他來說，不是佔有的工具，而是一種生命的實現。他要讓經營獲得更大的開展，使更多人得到福利。

我常有機會與企業界人士閒聊，或是藉演講的機會與他們談話，發覺有些人經營企業是從創造出發，而不是從追求著眼。他的生活單純而不複雜，心靈也較自由。有趣的是，他們雖然過著簡單的生活，卻顯得興致高昂，即使一件小事如吃飯，都覺得興致盎然；這是因爲他已經投入生活，這正是禪詩所謂「一花一世界，一葉一菩提；日日是好日，夜夜是春宵」的表現。

無論你的工作是什麼，你要把工作當作生活的創造來看，不要把工作當作賺錢的手段，因爲那會使你厭惡工作，失去創意，甚至覺得工作是一種不愉快的負擔。

結語

生活的目的就是生活，工作的目的也是爲了生活，動機是很單純的，如果你脫離了這個眞實軌道，就會發展出虛妄複雜的煩惱。無論你的工作和職業是什麼，所遭遇的情境如何，你必須堅持看清它，誠摯地回應它。你只要背叛了生活，變成追逐名利的奴隸，那就會陷入困擾。請注意，在感情生活上或在教育子女上也都一樣，只要陷入追逐，都會出現錯誤和困擾。

禪的教誡是單純與專注，不要讓舊經驗死纏著你。你需要更多的經驗和知識，但你要打開經驗的倉庫，不要躲在裡頭悶死。你要能與人、自然和事物共鳴同理，培養覺察能力，這就能提高你的創意和智慧。

第六章　培養生活中的悦樂

生活之中充滿悦樂，
只要保持開心，
創意和興味
自然洋溢出來。

在平常生活之中，綻放著許多喜樂的花朵，我們卻不懂得欣賞，逕往磽确的名利場上尋找枯枝敗葉。在我們的生活之中，可以享受到很多溫馨和可愛，卻棄置如泥沙，而在聲色光電之中追求娛樂。正因如此，現代人的生活是空虛枯躁的，是抑鬱不樂的。現在要爲大家談生活中的悦樂。悦樂不是一個抽象的觀念，也不是風雅的名詞，而是一種生活的態度和創意。透過它，我們可以感受到生活的興致和喜樂。

悅樂來自創意

悅樂來自一種無心的創意。它在新奇、清醒的意識中出現，像稚子的歡笑雀躍，像閒暇時清新的喜悅。你在清靜無事時，會發現周邊的許多事物多麼優美可愛，視野所及的人物情境，與你貼心共鳴。詩人會寫出「雲無心以出岫，鳥倦飛而歸巢」，自己開始與山河大地融合爲一體，感受到它的寬廣和愜意。

佛陀的弟子拔提王子，有一次在森林裡突然品味到悅樂。他高興雀躍地說：「我高興極了！我高興極了！」大家追問他爲什麼高興時，他說：「我現在就是體會到高興。」人只有在清閒時，才會產生悅樂，對周遭的事物景色，起了欣賞之情，那時身邊的小事，都會變得生動美妙。日本徘句詩人松尾芭蕉寫過這樣的詩句：

「寂寞古池塘，
青蛙躍入水中央，
潑剌一聲響。」

多麼優美的感受！而這種感受，是在自己清閒時才能體會。禪學中許多美好的詩句，是這樣流露出來的，所以有一首禪詩說：

「諸法從本來，
皆自寂滅相；
春至百花開，
黃鶯啼抑止。」

人唯有在心靈平靜，沒有煩惱和困頓的時候，才會體會到「春天月夜一聲蛙」之意，才會被「春來草自香」所感動。就像溪聲山色這樣的自然景致，只要你靜下心來，潺潺流水比音樂更美，抬頭仰望山巒景色，它就是美麗的化身。夜裡什麼都看不見了，卻能有更多的喜樂和發現，感受無窮盡的生活美趣，他日想要用語言來說給旁人聽，是難以道盡的。

顯然，悅樂不是用認知所能辨得到的，必須在生活中，打開自己的心境，由自己來親嘗才行。唐朝的寒山子有一天開悟了，他體會到生活中處處是悅樂，是生動的禪喜。他寫了一首詩：

「去歲換愁年，春來物色鮮；
山花笑綠水，巖岫舞青煙；
蜂蝶自云樂，禽魚更可憐；
朋遊情未已，徹夜不能眠。」

這是說，去年尚未開悟時是愁悵的，今年隨著春天的來臨，自己開悟了。這時憂愁已然不見，帶來的卻是無盡的悅樂和歡喜。這時看山和水，卻發現山花好像在對著綠水打招呼，巖岫好像擁抱著山嵐婆娑起舞，蜂蝶和禽魚更是含情交融，傳遞著喜樂。這時才領略到自己來人間走一趟，原來是與萬物比朋而遊，這種喜悅是無盡的。

你不覺得嗎？心情好時，你看什麼都覺得鮮豔動人，心情不好時，即使是美食好景也覺得無味。你的心封閉時，雲是雲，月是月，沒什麼趣味。當你開心時，會想像自己就像夜空中的雲，神往到月宮裡，能感受到神話故事中的情趣：一個老人在打樵，一隻小白兎正在陪著他。我相信優美的文學作品、神話故事和詩詞的創作靈感都來自這種心境。

悅樂的培養

人的心如果是紊亂的，經常被物慾牽著走，被激情和惡劣的情結綁架，即使生活在富裕美麗的仙境，也不會覺得喜悅。喜悅來自心情，所以修持自己的心就成爲核心課題。依我的觀察，修持的起點要放在兩方面：其一是好的生活紀律或習慣；其二是一顆安定祥和的心。

人必須培養好的生活習慣，身體才會健康；培養好的情緒習慣，才不會被惡劣情緒所困；養成好的思考習慣，才能清醒地判斷和抉擇；擁有好的工作習慣，才能成功地做好一件事。這些習慣，在禪學中稱為戒律，也就是紀律，它又被稱為護法神。請注意，個人的好習慣是快樂成功的條件，是喜樂人生的根本。

□老師的見證

有一次我對一群教師演講生活習慣的重要性，我用心理學的角度為他們分析，並指出好習慣大於壞習慣就會成功，就會健康。如果壞習慣大於好習慣，就會失敗。演講完畢，有一位老師分享了他的經驗。他說：

「我是數學老師，曾經有一位學生，功課很好，模擬考試的表現傑出，我肯定他能上第一志願的學校。但在聯考時卻落榜了，連第三志願的學校都沒有進。你知道嗎？他有一個壞習慣，就是作答時習慣性地用左手捏著上衣的第二個鈕釦，成為一種根深柢固的習慣；沒有釦子就不能專心，就像上了癮一樣。師長都不知道他有這個壞習慣。就在聯考那天，鈕釦掉了，有兩堂考試因為沒有鈕釦而浮躁不專心，以致都沒有考好。這就是壞習慣對工作和生活的影響。」

他接著又說：「後來我仔細觀察班上學生，在數學考試或寫作業時的表現。發現他們放置圓規和橡皮擦的位置、考卷寫作時移動卷子的方向，都會影響他們的效率。圓規掉了，要花一、兩分鐘來裝置斷落的筆心，橡皮擦掉了要分心去撿拾起來，這些不當的習慣，浪費掉許多寶貴時間。至於計算的習慣、思考作答的習慣之重要性，就更不用說了。」

其實，你的情緒習慣正在影響你的心情，人際互動習慣正在干擾你跟別人的溝通，生活習慣正在決定你能否保持喜悅的心境。喜悅正是習慣的表現。

□安定的心情

悅樂的第二個要件是定。安定的心才會冷靜清醒，不被疏忽的心情所干擾。我們是在安定中看出生活的美和喜樂的，是在安定中學習和成長的。許多研究指出：父母離婚會影響孩子心智成長。那是因爲父母在離異過程中，表現的爭吵和敵意，干擾了孩子們，使他們不安，以致影響了孩子的心境和學習情緒。因此，我特別要呼籲想要離婚的父母，要注意維護孩子的安全感。

此外，父母若經常不在家陪伴孩子，他們的子女也會心慌意亂，不能專心作功課，而藉著電視來安撫自己的情緒。電視看得太多，更是傷害安定心靈的禍源。許多研究指出，電視看太多的孩子，對情緒和智能發展，都有不良的影響。

夫婦的情感建立在安定上，心靈生活的恬適建立在安定上，家庭的悅樂也建立在安定上。禪就是要培養安定的心，它是悅樂的根本。

□悅樂何處尋

悅樂就是能在日常生活中，品嘗到生活的美妙和喜悅、悠然和自在。依我的經驗，悅樂有四個要素：其一是自由，當一個人的心靈是自由的時候，他不會被物慾所奴役，就能顯露出一種自在的喜悅。其二是恬淡，禪宗所謂「嗜欲之深者機淺」，人若汲汲於營利，生活的喜悅就流失了。其三是活力，你的體能、健康狀況和毅力，決定了你是否能面對生活的挑戰；退卻、消極和沮喪的人，是不可能快樂的。其四是知足，不能知足就像不能蓄水的水池，永遠沒有豐沛的好情緒。

現代究竟有多少人的生活是過得歡喜的呢？調查不識愁滋味的青少年，赫然發現有五到六成的人有生活上的困擾；至於成年人，則是家家有本難念的經。為什麼有這麼多的人感到生活得勉強，得不到喜悅呢？依我的觀察，通常是由於：

・慾望太多，給自己訂一個高標準的抱負，讓自己疲於奔命。
・處處拿自己跟別人比較，在意別人對自己的看法。
・怨天尤人，不肯積極振作起來。
・把生活當手段，把追求當目的，這種倒懸式的生活，使人陷入痛苦。
・猶疑不決、拖拖拉拉，讓不愉快的事不斷折騰自己。
・無病呻吟，多愁善感，自尋煩惱。

以上六個惡習中如果你擁有一半以上，那麼精神生活就會漸入困境。你需要找人協助或設法從中脫困才行。

悅樂就在生活之中，你要看清事事物物都是無常的，你可品味它，但不能永遠佔有它。環境在變，身心在變，觀念在變，你若以執著於色蘊的方式生活，必然有很多的挫折。所以當你感到喜悅時，記得不要被它沖昏了頭，才不會樂極生悲。當你憂心受苦的時候，要提醒自己，生活的本質就是苦，要在苦中作樂。我有一個座右銘：人生之中，承擔苦難是免不了的，但不能讓自己成爲受苦的人。能若此，就能長保安定的心境。接著，我們再來談談如何發展生活中的悅樂。

回歸生活的悅樂

生活是你的目的，不是手段。賺錢、工作、讀書等等，都是爲了豐富生活。我們不能犧牲生活去賺錢、工作和求知，我們的努力是爲了要豐富自己的生活、家人的生活及社會共同的生活。如果賺錢的結果是破壞你的生活，那還賺錢做什麼？如果賺錢賺得很辛苦，在家中愁眉不展，每天都感到疲倦及龐大的壓力，試著將自己拉回生活的層面，你會發現很多東西都很美。

□聲色之娛

蘇東坡說得有道理：「耳聞之而成聲，目遇之而成色。」耳朵所聽到、眼睛所看到，其實都很美。清晨起來，你可以隨性到戶外散步。公園裡，陽光亮麗，樹格外的綠，鳥兒歌聲清脆。當下覺得此情此景如同極樂，我們無須到別的地方去尋求另一種極樂世界。

黃金般的朝曦灑在綠色的大地上，蟲鳴鳥叫，加上初秋的涼風，夠了！這就是目遇之而成色，耳聞之而成聲，這需要金錢來買嗎？不需要。需要工作來抵換嗎？不需要。只是起床了，出去踏踏青，就有取之不盡、用之不竭的大自然財富。下班回家，與家人談笑中共進晚餐，這是人際之美，這並沒有什麼特別了不起的安排；我們是一家人，有一份親切之美，它本身是生活，不需要特別到外面去追逐。

在平常的生活中，我算是有興致的人。年輕時我也談戀愛，可是沒有錢買東西送女朋友，你知道我送什麼嗎？我在登山的途中看到一截漂亮的竹子，我把竹節切下，花一上午的時間把它磨成圓潤的墜子，送給女朋友。我告訴她：「有一天我會幫妳做一條鍊子搭配，妳就可以戴上。」我送給她的雖然只是一個竹節磨成的墜子，不是値錢的東西，她卻非常欣賞，當時的歡喜，構成一幅美的圖案。而類似這樣的情趣，一直保存到現在。

人的生活是可以安排的。我每星期都會去爬山，在山林小徑上，風一吹就會從樹上掉下樹葉，有黃的、紅的，我把它們撿拾起來，像瑪瑙、像琥珀，然後和家人一起分享它。你定睛一看，其實它們比瑪瑙還美，比琥珀更眞，是取之不盡、用之不竭的財富。

我發現現代人的生活有僵化的傾向，要驚奇才叫美，要美玉才叫美，但是我不這麼認爲。河床上一望無際的石頭是美的，是七寶所成；看看一片翠綠的山巒，片片樹葉都是翠玉。有人會認爲這是阿Q，我告訴你阿Q也罷、不是阿Q也罷，快樂自在心中。

□家常的喜樂

陳道婆是南唐的人，寫了一首詩描述樵夫。原來這些樵夫每天一大早就挑柴去賣，賣完後又回到山上去砍柴和劈柴，第二天再挑到市場去賣，他們每天都在怨嘆人生苦。陳道婆知道樵夫都在大嘆苦經，於是寫了一首偈子：

「高坡平頂上，
盡是採樵翁，
人人各懷刀斧意，
未見山花映水紅。」

短短幾句話就足夠描述，在高坡平頂的許多樵夫，心中只想著生活苦，只想著以刀斧砍柴拿去賣，而忽略了山花、山澗相應成趣的喜樂。

在現代生活中，人人幾乎都是上班族，早上起來就急急忙忙趕著上班，工作到疲倦時就回來吃晚飯，然後睡覺，第二天一大早又趕搭車子上班去。這與陳道婆所謂的樵夫有什麼不同？大家在忙碌中疏忽了家庭生活的樂趣。

我曾做過一個非正式的調查，小孩子離家出走的時間，通常是星期日晚上或星期一，這是因爲星期日爸媽在家不當責罵孩子。他們忽略了欣賞孩子，跟他們一起成長，跟他們一起生活所致。

父母往往犯了一個毛病，當孩子拿一張五十分的考卷回來時，他什麼也沒看到，只看到五十分，然後訓誡他一頓，這是最大的敗筆。其實孩子願意拿考卷給你看，你就應該感到高興，就應該跟孩子分享他的經驗，安慰他的挫折。如果你一味地責備，將來他連考卷都不給你看，而且家裡的氣氛會愈來愈緊張，甚至失去歡樂。

□一切現成

在我們生活當中，應懂得享受「一切現成」的樂趣。你在逛街時，會看到一些設計不錯的櫥窗，停下腳步、欣賞一番，進去問問價格多少，即使沒買也沒關係，有這種興致就會快活。

在生活中你有很多俯首可拾的生活悅樂，不要讓它跑掉。你曾認眞欣賞家中一壺水、一盆花的美嗎？有些人去參觀花展，一開始就對花品頭論足，東看不慣、西看不慣的，不快樂的還是你自己。生活要抱著喜樂的態度，不要隨便挑剔，就能看出更多的美。

現代人什麼都要批評，什麼都要嫌，弄到最後自己很疲倦、很乏味，結果就到處找娛樂。一個不快樂的人，有什麼東西能讓他快樂呢？無盡尼有一首詩說：

「盡日尋春不見春，
芒鞋踏破嶺頭雲，
歸來偶過梅花下，
春在枝頭已十分。」

快樂是現成的，穿著芒鞋，到處找春天，找了半天找不到，回來時才發現春天就在屋子旁的一株梅花樹上，只是看你願不願意去欣賞它而已。

我家前面有一個公園，公園中有一棵美國水杉，多年前一個雷雨後的晚上，杉葉上面都是水滴，晚上路燈照射在水珠上，一粒粒都像琉璃、珠寶，我簡直無法形容那種漂亮。我看了很久才離開。那是佛教所說的琉璃界！不及時欣賞，還要到何處去找琉璃界呢？所有法界的喜樂，都在生活中可以找到！

接納自己才有悅樂

一個人只有在接納自己時才有悅樂。如何接納自己呢？每一個人都必須遵照自己的根性因緣來生活，不可能照別人的樣子過。人如果不懂得接納自己，根據自己手上擁有的條件去生活，就不會有樂趣，也不會產生禪趣了。

馬祖大師與他的弟子大珠慧海有一段優美的對話。大珠遠從越州的大雲寺來與馬祖學佛，馬祖問他：「你從哪裡來？」答說：「越州的大雲寺。」馬祖說：「千里迢迢的來做什麼？我這裡什麼都沒有，你放棄自家的寶藏，來我這兒做什麼呢？」大珠很機警地問師父什麼是自己的寶藏。馬祖大師說：「就是現在說話的你，它一切具足，用起來非常方便。」大珠便如此開悟了。一個肯接納自己、喜歡自己的人，可以長保喜樂。

□接納你自己

有一次，一位口吃的年輕人，在就業一年多後，因為口吃，跑來找我，他說：「我實在活不下去了！我今天向老闆做行銷簡報時，說話嚴重口吃，簡直自慚形穢，甚至有一死了之的念頭。」我問他看過醫生嗎？他說，醫生說沒有毛病。經過一段時間的談話，後來我建議他，「你要老老實實的當一位口吃的推銷員」，並爲他說了兩個故事。

其一，我年輕時因爲做生意而認識一位長輩。他口吃得很厲害，但是他不在意自己的口吃，反而利用他的口吃，創造了特殊形象。他爲人豪爽，樂於助人，講信用又熱情。他對於長輩和晚輩都很友善，從巷子口進來就可以聽到他的開朗笑聲。許多人都喜歡他，愛跟他交往，後來生意愈做愈好，每一個朋友都敬愛他。

其二是日本有一位行銷家叫原一平，他個子很矮，只有一四五公分高。他培養自己的優點，把短小的身材化作他的特色，創造行銷史上的偉大成就：他連續十五年保持日本全國壽險業績的冠軍，因此被推崇爲「推銷之神」。

我鼓勵他，要他接納自己，當一位令人敬佩的口吃行銷員。我們持續了一段時間的談話，後來他的症狀減輕了，工作也做得不錯。

□洞山的悟道偈

唐朝的洞山禪師向雲巖請教禪法，受到教誨而開悟，於是繼續四處尋訪參禪。臨別時洞山問：「他日有人問起師父的家風如何時，該如何回答？」師父說：「只這是。」洞山想再問師父這是什麼意思時，雲巖已轉身走了。

洞山一路走，一路想這是什麼意思？有一天乘船渡河時，他看到自己的倒影而恍然大悟，寫下這首流傳古今的〈洞山偈〉：

「切記從他覓，迢迢與我疏，
我今獨自往，處處得逢渠，
渠今正是我，我今不是渠，
應須這麼會，方得契如如。」

這首偈句的意思是說，千萬不要希求跟別人一樣，愈想跟別人一樣，就離自己愈遠。我現在獨自前往參學，每天生活的就是自己。現在看到河裡的影子就是自己，而自己卻不是那個影子，就這樣我看到了眞正的自己。

一個能接納自己的人，他的信心夠了，幽默感就會增加，人際關係也會愈來愈好，悅樂也就愈多。每一個人都不一樣，所以要接納自己，就要看清自己有多少能耐，能挑多重的擔子，好好去過自己的人生。

破除執著才有悅樂

當一個人執著的時候，就會失去自由思考，失去自己的創意，生活也就喜悅不起來。

有一個小故事說，一個牧場裡養著一隻年邁的驢子。農場主人想驢這麼老了，還要牠磨麵粉太辛苦了，就讓牠在牧場養老。可是，這隻老驢卻在牧場的一棵樹下不斷的繞圈圈，好像在磨麵粉一般，你知道爲什麼嗎？那就是「執著」。

其次，成見也是一種執著。比如說，辦公室不久將增加一位新同事，朋友說他認識這個人，他們是同校同學，並說他愛說大話，而且很小氣。你最不喜歡說大話和小氣的人，於是你開始有成見。這個人進公司後，你不可能與他深交，原因是你有成見。但是你有沒有想過，他們只是小學同學，「士別三日，刮目相看」，更何況經過國中、高中、大學的教育，差別是很大的。你有了成見，就不能跟他建立良好的友誼，相處上就會有芥蒂，那怎麼會融洽歡喜呢？

執著就是一種障礙，如果不打破它，就會干擾創造，阻礙成長。壓抑喜悅的情緒，悅樂之情也就不翼而飛了。有一則故事，很能發人深省：有一天一位父親帶著兒子，牽著一頭騾子，牠拖著一部車子，在暑熱的夏天趕路。父親提議歇一會兒，好讓騾子喘一口氣。於是在一棵大樹下歇息。父親說：「兒子，你過去看看那蹄印，上面寫了許多寶貴的訊息。」兒子過去端詳了半天，什麼也沒看到。父親要他仔細再看一次，一樣看不出所以然。

這時，父親走了過去，指著蹄印說：「你看，蹄印上明明呈現掉落了兩隻鐵釘，如果今天沒有發現，明天沒有發現，幾天之後蹄鐵就會脫落，騾蹄就會磨損，以致不能拖車，那時我們賴以養家活口的牲口就報銷了。」

接著父親又說：「你在學校讀了很多知識，那是文字的知識，如果你不能把它化作生活中實際解決問題的能力，那麼那些知識文字，反而成爲你生活的障礙。」

成功的經驗是很珍貴的，但若一直延用它，不想再突破，就反而成爲向前進步的障礙。當我們歡喜於成功的同時，很容易埋下失敗的因子；因爲人很容易執著於現在的想法，這時創造的趣味也就不見了。

結　語

在我們的生活中，只要你保持開放的心靈，周遭的事物都會成爲你生活的素材；它們豐富了你的生活，啓發你寬闊的思想，帶來無盡的樂趣。

當你的心靈被煩惱、貪欲、成見、敵意所塵封時，你開始封閉起來，氣量狹小了，這時生活變得煩躁不安，喜樂之情於焉消失。

去除障礙，讓自己有更大的揮灑空間，是生活悅樂的來源。請注意，不要把生活當手段，而要把它當目的。喜樂是現成的、垂手可得的，如果你陷於追逐，就會走入失樂園。你得接納自己，要以自己爲樂；你若不懂得喜樂，又有什麼能令你喜樂的呢？最後你要破除執著和障礙，就像打開大門，探頭出來看看人生的美好一樣，你才能品觸到悅樂是什麼。

第七章
開展溫馨的人際互動

溫馨的社會支持，
創造了幸福和溫暖，
良好的人際交流，
是創意的家鄉。

人際關係的品質，注定了你的心情、安全感和潛能的發揮。更重要的是它能影響你的幸福感。幸福是指一種溫暖的感受，彼此相屬親切之感，以及被重視肯定的喜悅。幸福來自主觀的意識，如果你能培養出愛人的能力，又能接受別人的關愛，那就有幸福之感。也就是說，幸福感是來自人際關係的溫馨。

在我的晤談工作經驗中，接觸到各種不同的精神苦難，從青少年的輔導到臨終關懷，從個別晤談到家庭諮商，我發現令人幸福和快樂的核心問題是人際關係，而不是財富或名利。兒童、青少年的問題，源自家庭中人際關係的衝突，婚姻的破裂源自人際的傾軋，精神症狀的出現更與人際互動不可分割。

人際的核心問題是和諧、互愛和包容，從溫柔之中發展出親密和安全感。一旦人際關係起了衝突，很少人能倖免於難。俗語說，人和爲貴，佛陀在《阿含經》中，更指出和諧是人間最吉祥的事。如果你不懂得建立人際和諧，發展人際支持，心理上將會面臨孤寂，精神上將不免空虛落寞。

疏於培養好的人際支持，將是人生的不幸。有一位富豪，生了重病奄奄一息，他的妻妾卻爲了爭奪家產，吵得不可開交。當他臨終時，大房的兒子趁著深夜，把屍體抱到小房家門口。小房的兒子一早起來，看見老爹屍體躺在自家門口，也趁著大家不知道，又把他抱到大房家門口。他們把父親的屍體當皮球踢，這是缺乏感情的人際支持的最佳寫照，也是自作自受的人生悲劇。

人際的溫暖和互相支持，要從家裡開始，家庭生活表現得親密，有相屬感和安全感，孩子的人格成長就會健全，將來的人際適應也跟著好起來。家庭人際關係的好壞決定一個人的精神生活殊大。

事業的發展，當然也與人際關係有關。一位國立大學畢業的學生，在校時成績很好，但進入社會之後，人際關係始終不佳，事業發展變得不順利。由於他自視頗高，不屑與人交往，久而久之就成了同事口中的獨夫。加上老闆的眼睛是雪亮的，在拔擢人才的時候，爲了顧及公司整體的合作，反而提拔學歷不如他的人當主管。於是這位高材生大表不滿，認爲老闆有眼無珠，不識英雄；覺得公司待他不公，又感嘆自己時運不濟，內心憤恨不已。到了第二波人事異動，升遷還是沒著落，一晃就是六年，他一氣之下，就辭職了。失業一段時間，他來找我進行諮商。在晤談中，他說：「如果想改變，首先要除掉自負，因爲它不但阻礙了我和別人之間的和諧關係，也斷送了升遷機會，進而影響事業的發展機會。」

人生的機緣和人際關係息息相關。能和別人和諧相處，自然就能結交一些長進的朋友，彼此推心置腹、相互寬容、接納與鼓勵，不但待人處世會進步，連事業發展的機會也隨之增加。

佛家常談「緣」的重要性，緣份就是人際關係。廣結善緣為你帶來好運，人緣差，即使祖先的基業再好，也無法挽回頹勢和厄運。

以下我就幾個不同的角度來說明增進人際互動的方法。

人際互動的空間

人際交往需要良好的條件和空間。空間就是人際互動的條件，人是在沒有障礙的情況下，才可能互相了解，彼此尊重，從而培養友誼和互愛的情操。試想，兩部車子相撞，肇事的原因也許是車子失控、未遵守道路交通規則、疲勞駕車等因素，但是最直接的原因是失去空間，倘若能保留一些空間，車禍就不會發生。我們需要遵守道路交通規則，主要目的也是要維持互動的空間，避免碰撞。

人際關係的道理亦然，在自由開放的社會中，人們必須遵守人際倫常和法制規範，倘若沒有這些規範存在，人際衝突會不斷發生。因此，人際關係若要維持運作的空間，必須先有最起碼的規範。目前台灣的離婚率很高，原因何在？戀愛時卿卿我我，相互追求，甚至爲了結婚不惜和父母親抗爭；曾幾何時，結婚不到幾年，卻反目相向，挖空心思傷害對方，那是因爲喪失彼此之間應有的規範，從而失掉互動的空間所致。

多年前我的孩子第一次懂得在母親節送花，他對媽媽說：「我買了這束花，是送給您的！明天是母親節，但是我提前爲您祝賀。」媽媽好高興，由於她手邊正忙，就把這束花交給我處理。我準備好花器，才發現這束花已經被握得熟爛了。孩子說：「因爲急著回家，忘了請店家多加一層包裝，加上公車很擠，這束花才會被擠成這副模樣。」我邊修剪邊說：「這種經驗我也有。小時候跟著大哥、大姊捉捕小鳥，他們抓到一隻很漂亮的鳥，把牠送給了我，要我握好牠，否則小鳥會飛掉。我握太緊了，等我把牠放進籠子裡時，那隻鳥卻已窒息而死。」

我接著對孩子說：「將來你長大以後，你喜歡財富，但不能握得太緊；喜歡妻小，不能握得太緊；喜歡事業，也不能把它握得太緊。要記得，握得太緊就會失去成長和歡喜的空間。」

孩子點點頭，儘管我不知道他是否眞懂，但是這件事情很生動，使我印象深刻。

偏見影響人際

人因爲偏見而互相指責，因爲成見而不能交心。多年前有一位女士找我晤談，她的問題就出在家庭的人際衝突上。經過兩次晤談，我開始運用優點療法，幫助她從日常生活中，尋找積極的意義。她跟先生相處還好，但她討厭公婆，恨不得跟他們分居。但那是不可能的，因爲先生強烈反對這樣做。於是她生病了，她的病就是焦慮。我對她說：

「妳對人和事的看法，決定了妳的心情，也決定了妳的生活品質，將來還會影響到子女和夫妻間的感情。妳必須設法改變妳對周遭事情的態度，我總覺得，妳對公婆的看法，與實際之間有很大的差距。它顯然被一些偏見和成見給阻擋，以致妳看不出溫馨的部分。從今天開始，妳要學習從日常生活中，看出公婆的優點。因爲與公婆相處是妳最大的困擾，我們就從這件事開始——學習發現公婆身上的積極面，也就是發現他們的優點。」

她說：「老師，我的公婆眞的沒有優點可言。」我告訴她：「如果妳願意跟我學習，就能看出一些優點，這能培養出妳和公婆的新關係。」

我接著說：「現在妳仔細想想，妳的公婆有沒有優點？」她想了很久，還是回答：「沒有。」我隨即出個點子：「妳的兩個孩子都上幼稚園，通常是誰負責接送？」「當然是兩老啊！」她不稱公婆，而說兩老。我立刻糾正她：「他們是妳的公婆，是你的父母。」於是她改過來。我接著問：「這件事不正是他們的優點嗎？」她不以爲然地回道：「這哪算是優點？祖父母接送孫子是應該的啊！」我說：「不！他們年紀大了，可以去遊山玩水，教孩子是妳的責任，他們卻願意幫忙，使妳無後顧之憂，不必擔心孩子們的安危，這難道不是優點嗎？」

接著我又問她：「妳公婆身體健康嗎？」她說：「就是健康才麻煩哪！你看他們一天到晚在家裡走來走去，挑剔東指責西，眞惱人。」我說：「請從積極面想想，不要被負面的觀點所縛，試試看。」她始終想不出積極面。

於是我幫她解釋說：

「假使公婆兩人都病了，他們不能爲妳接送孩子上幼稚園，妳能看出他們的健康是一種優點嗎？」我接著又說：「妳是不可能脫離公婆的，因爲妳先生反對。妳有一位好丈夫，有兩個乖寶寶，家庭經濟也很好。但妳必須和公婆一起住，這正是妳必須付出的代價，也是妳現在覺得痛苦的原因，因爲妳捨不得獨個兒脫離這個家。」

她說：「所以我忍著痛苦跟公婆一起住。」我告訴她：「既然脫離不了這個家，那麼公婆的健康就是值得妳慶幸的事。倘使今天公婆同時中風，行動不方便，要妳服侍，妳會覺得如何？」她告訴我說：「那就更慘了！」我接著說：「所以，妳的公婆現在很健康，就存在著許多價值和優點，是妳沒有看到它。」

於是我要求她，每天寫日記，記錄在日常生活中所發現的優點；而且要先從公婆身上找優點，包括他們的言行、穿著、責備或讚美。每個星期晤談時帶來討論。我爲她進行觀念的導正，同時採取現實療法，幫助她面對自己生活的眞實情境。

這個個案經過幾個月就結束了，因爲她已進步到不必再來。經過一段時間，她打電話告訴我：「老師，我剛剛哭了！」我問她：「什麼事使妳難過？」她細述道：

「今天早上我買菜回家之後，又去逛百貨公司，看到公婆需要的用品就順便買回家，很自然地送給他們。當我正視他們的臉孔時，我第一次發現到，他們竟是如此慈祥，原來公婆是這麼愛我啊！我已不記得他們跟我講了什麼話，總之我內心覺得溫暖無比。我回到臥房，感動地流下眼淚。現在我把眼淚擦乾，告訴您我好感謝您。」我聽了之後也很感動，對她說：「妳不必感謝我，要感謝的是妳自己，因爲妳學到了生活的智慧。」

別自傲自大

自傲自大的人必然很孤獨，因爲他得不到別人溫暖的社會支持。自大的毛病在於疏離，疏離越重，越是孤芳自賞。嚴重的自大，會使人變成一個無神論者，而顯得更爲不安。

韓國前總統全斗煥先生前往百潭寺修行時，廟方的住持曾經與他約法三章：第一，全斗煥不再是大統領，與一般僧尼無二，必須遵守寺方的作息；第二，此地過的是簡樸生活；第三，放下一切原有的身段。

對於這些規定，全斗煥都接受了，於是他從官邸直驅百潭寺，一路上，他的夫人難過得掉淚。此時正值嚴冬，全斗煥在廟裡展開一段清苦的修行，即使要上個茅廁，也得走幾十公尺，生活享受完全談不上。過了將近兩年，韓國作家南知尋前往百潭寺，訪問全斗煥。他問道：「您在此地修行，覺得最痛苦的事情是什麼？」全斗煥回答：「儘管這裡天寒地凍，連上個茅廁都相當艱辛，早起剷雪也備嘗勞累，但是最令我難堪的事，莫過於每天早課時和大夥兒一起上殿禮佛。因爲我是軍人出身，一度貴爲大統領，向來秉持著軍人的尊嚴。如今卻跪在菩薩面前行禮，連帶使我的自負天天削減，感覺備極痛苦。」

全斗煥經過一段時間的磨練和掙扎，終於慢慢放下他的自傲和自大，習慣於每天在佛前作早課，而開始了他恬淡的精神生活。

自大使人疏於尊重別人，自傲則往往拿別人的弱點來炫耀自己，這是損人不利己的事。我有一個個案案主，喜歡吹牛，又喜歡批評和睥視別人。他的同儕往往把他當玩笑的對象，而他自己卻不自知。直到有一天，大家都不跟他做朋友了，他還在抱怨別人無情。當他漸漸陷入孤獨寂寞後，生活適應於是有了問題。

小心應付批評

任性的人很難與人建立良好的人際關係。最主要的原因是他缺乏包容和承擔，他很容易在受到批評時對別人洩憤，發生非理性的口角。承擔和包容力差的人，顯得器量狹小，凡事要與人爭到底。請注意！凡事要跟人鬧到底的人，是自己不肯承擔眼前的一點批評。

我所謂的承擔和包容，可不是處處忍讓，受制於人，或者在感情上顯得柔弱不能自制，以致任人擺佈。肯承擔的人，最佳的表現就在於應付批評上。一般人都以為批評就是不好的，其實每一件事情，都有可批評之處，也必然會有人對你提出批評，如果你對批評很容易情緒化，那麼當心人際關係會被你弄壞。

肯承擔和思考的人，他們在處理問題上，總是把事和人分開來處理，不會把對事情的不同看法，轉移為人的對立；甚至必要時，還要撫慰對方，以避免傷害人際和諧。我願意提供幾個祕訣供你參考：

・對別人的批評要避免擴大解釋，因為那很容易滋生憤怒。
・對批評不要反擊，那會導致人際衝突的發生；但你可以解釋。
・解釋無補於事時，不妨保持緘默。強辯無益，只會造成臉紅脖子粗的人際尷尬。
・有時，你寧可坦然接受批評，承擔批評，或者把它化作請教，讓對方樂於為你提供意見。

當然有時你也會批評別人，但是批評別人的時候，請你特別留意：

・不要當衆批評別人，要讓對方保住面子。

・避免全面性的否定和指責，這容易造成衝突。
・說出你的感受，而不是指陳對方的錯誤。例如用「我覺得我比較喜歡……」之類的語氣。
・記得也要有誇讚，批評的話不要超過三、四句爲宜。
・切忌把批評當作自己情緒的發洩。

知道如何應付批評和善用批評，不但能維持你的人際關係，同時也是保護自己立場和自尊所必須的，這是自由開放社會中，人人都該學習講求的社交技巧。

寬恕的好處

過去我們只要一談寬恕，就會從道德的觀點來看它。大家強調忍耐的美德，重視寬恕的價值。但是最近我和大學生一起討論寬恕的價值時，他們普遍對寬恕表示懷疑。我認爲有必要解釋有關寬恕的意義。

首先，在我的諮商經驗中，所有被施暴的人，無論是性騷擾或暴力侵害，在治療的歷程中，寬恕是必然的過程。有一位遭受性騷擾的個案，她的憎恨遲遲不能消去，當然她的抑鬱也不能消失。直到有一天，她領悟到寬恕的理由時，她告訴我說：「傷害我的人是我的親人，我也報復不來，即使報復了又能怎樣呢？我背負著痛苦的記憶已經很久了，還是寬恕他好。」她的病情才有起色。我看過校園暴力中的受害者，如果在晤談中，不能引發寬恕的自發性反應，通常很難從中完全解脫出來；他們的人際關係，也會一直出現不安和敵意。

其次，當一個人能寬恕別人的時候，壓力才得以紓解，恢復心理平衡。你是要放在心中繼續計較而折磨自己呢？抑或放下過去，洗淨它的污染，重新創造新的生活呢？有位太太在知道先生有外遇時，憤怒地告訴我說她非離婚不可。經過晤談之後，她原諒了先生。當然，他先生必須把那段風流韻事做一了斷才行。

其三，寬恕對於受害者而言，固然有一種平白損失的感覺，但是一直處在憤怒之中，卻使一個人不容易重新振作。當然，你可以化悲憤爲力量，去報復對方，但絕對不如化悲憤爲力量，在寬恕中開拓美好的未來。

最後我叮囑學生：寬恕是心理輔導和諮商中很重要的關鍵，請不要只把它當道德律來看待，而要把它當作心靈成長的重要動力。寬恕能治療一切憤恨，能重建人際和諧的態度。在我的經驗中，不肯寬恕的人大多是自以爲聰明的人，但長遠來看，他們並不聰明。

常懷感恩

懂得說謝謝，知道表達感恩的人，他們享有豐富、溫暖的人際和諧。因爲感激的聲音人人愛聽，從來沒有人會懷疑它是最好的結緣良方。

感恩必須勇於表達。有些人比較羞赧，不敢表達他們心中的謝意。請注意，再怎麼眞情眞意，如果你沒有表達出來，是不能算數的。對你的朋友道謝，對幫助你的人說出你的感激之情，能增添友情，並爲彼此之間的情誼加上更多堅固的支柱。

我年輕的時候做水菓買賣，母親經常吩咐我，要對貨主說感謝的話，要對顧客表達感激之情。我一一照辦，每當我去批購水菓時，老闆總是少算一點錢；有時貨源不足，別人進不到貨，我卻能保持貨源充足。這些方便和好處，都來自於我眞心向他們感謝。

感謝不是虛應故事的，它能帶給對方和自己溫馨，而構築成一種貼心的感覺，使助人的人更有榮輝，使受助的人分享那份光彩。我太太常常鼓勵孩子在教師節回母校探望教過他們的老師。她說：「向老師道謝，不只表達感激之情，也讓老師分享到人情的溫暖。」

能在日常生活中對人說聲感謝，人際互動就會活絡起來。不過，這有一個條件：你不能言不由衷，必須眞心地表達。眞誠的感激，會觸發親密之感，引起連鎖反應，讓自己和周遭的人結合成為一種相屬感，從而互相鼓勵，緊密的合作，並造成良好的社會支持；它能使我們免於孤立，更重要的是它帶給每一個人溫馨。

熱情有益於友情

我們容易因爲怕被別人拒絕，或擔心受到批評，所以把自己的熱情壓抑下來，於是變得冷淡、世故的樣子。其實，這很容易使人落入孤獨，交不到朋友。

友誼需要熱情。它能融解自己的孤獨感，因此無論誰都很渴望熱情。只要你願意付出，去關心朋友，他必然會與你同感親切。我很敬佩那些洋溢著熱情去助人的人，他們是人間的使者，不斷灑下溫柔親切的種子。

你不要懼怕眞情流露，要擔心的卻是壓抑自己的熱情。依我的觀察，世上所有益於人類的事物，都是從熱情那兒發展出來的。發明火車的史蒂文生(Stevens Robert Livingston)是爲了替煤炭工人解決運煤的困難；發明胰島素的班亭(Frederick Grant Banting)醫生，因爲童年的玩伴死於糖尿病，而立志學醫。許多人懷抱著熱情，因而能在他們的志業上有所成就。別以爲人際支持只是感情生活的問題，懷抱熱情同時也是事業成功的重要助力。

請記得，人需要熱情，它就像人活著需要不斷補充熱能一樣。熱情能給我們活下去的勇氣，也能增添溫暖舒適的感受。有熱情就有生命，我們要珍惜它，勇於表達它。

互相扶持

人需要合作，一個人的力氣有限，因此誰都需要別人的扶持和幫助。別忘了助人，因爲助人的人有兩種福報：其一是爲別人做點好事的人，他們的人際距離較近，經常和別人在一起，互相關懷，有助於健康和延年益壽。密西根大學流行病調查中心調查發現，缺乏密切社會關係的人，其死亡率是一般人的兩倍。其二是助人的人容易得到他人的協助，而發展較好的自我功能，提昇工作和學習成效。

扶人一把表現了生命的創造。當別人有了危難時，記得要扶他一把，那怕是給人一點鼓勵，一點少許的資助，或給他一些方便，都是對生命的禮敬。會愛人的人，必然也會愛己，會助人的人也會自助，因爲他的精神世界裡，已存在創造的生命力。

再者，助人做好事可能對你的免疫系統有益，因爲心情和它有著密切關係。心理學研究曾發現，當學生看完泰瑞莎修女（Theresa Saint）在加爾各答爲貧民服務的影片後，對其唾液做分析，顯現甲種免疫球蛋白有所增加。

扶人一把以後的喜悅，有助於克服孤立和憂鬱。人是很容易孤立和寂寞的，只有肯與別人共甘苦，共同分享一些成就時，才能發展出人類共同的精神力——互愛。從而有著安全、溫暖和幸福之感。

結語

人若生活在互愛和良好的社會支持下，其心境和情緒會變得溫柔和喜悅，尤其是一種平安的感覺，會給人帶來幸福和自在。因此，每一個人都應負起愛人的責任。好的人際互動需要良好的空間，要捐棄成見，放下自我中心的自傲，要小心應付批評和衝突，更要學習寬恕和感恩。最後我要提醒你，人際奠基於熱情和行善，別忘了扶他人一把，無論那一把是大是小，意義總是非凡的。

國家圖書館出版品預行編目資料

好心境·好創意 / 鄭石岩作. -- 初版. -- 臺北市： 遠流，1997[民86]
面； 公分. --（大眾心理叢書；185）
ISBN 957-32-3136-0(平裝)

1.修身 - 論文,講詞等

192.107 85013504

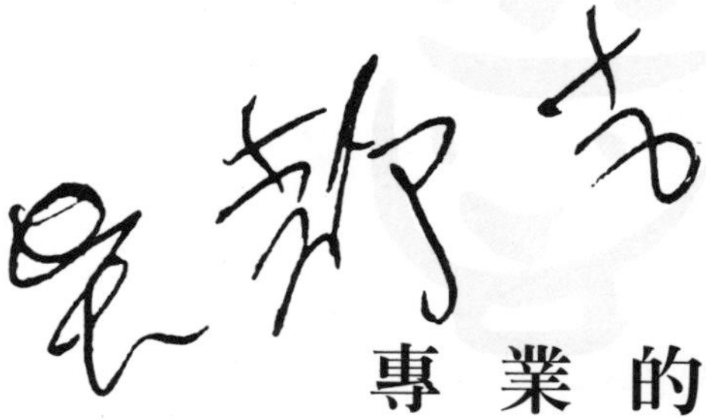

專業的社會導師

在人生的十字路口上，每個人都面臨著抉擇，亟需一位睿智的人生導師引領前進，為我們指點迷津，展現成熟、智慧的生命樣貌。吳靜吉博士以其豐富的學養，並積極參與社會活動；在與大眾深入接觸之後，集結出一本本的好書。在其中我們可以找到許多指引、啓發和鼓勵，讓我們在充滿壓力與焦慮的年代中，活得更快樂、更有尊嚴。

A3050 人生的自我追尋
A3055 青年的四個大夢
A3056 心理與人生
A3057 心理與生活
A3068 害羞、寂寞、愛
— 你是否因害羞而寂寞？因寂寞而沒有能力愛？
A3117 追求人際關係的成長
— 35種組織中的人際關係訓練法

作家系列【清心禪徑篇】

A3051 **禪悟與實現**
— 體現生活的藝術，追求心靈的自由

A3058 **清心與自在**
— 佛法的心理學分析

A3070 **禪語空人心**
— 在禪的清淨灘瀨中，尋求成功的人生

A3100 **優游任運過生活**
— 從佛法中汲取積極開朗的生活態度與智慧

A3163 **開心的生活**
— 打開心窗看亮麗人生，培養心智過開心生活

A3176 **人生路這麼走**
— 用創意的彩料，塗繪絢爛的人生

專題系列【男性成長篇】

關於男人的心靈藍圖

有一種聲音，我們很少聽見，那便是男人的「心聲」。為什們男人不容易打開自己的心扉？這四本由男性作者主筆的好書，帶領我們一探男性的內心世界，幫助受傳統觀念束縛的男性，找到一條解放自我的路；也開啓真正的男女對話之門，希望藉此共創平等的「心」世界。

A3115《男人爲什麼不開放》
—— 擺脫童年情緒創傷，重建男性心靈健康
Steven Naifeh 等 著 林秋蘭 譯

A3116《長不大的男人》
—— 如何了解身旁男人的內心世界
Dan Kiley 著 劉中華 譯

A3159《與男性爲伍》
—— 不成熟成人的「小飛俠併發症」
Marvin Allen 等 著 孫柯 譯

A3183《沈默之子》
—— 打開男性拒絕親密關係的心結
Robert J. Ackerman 著 柯清心 譯

專題系列【認知發展篇】

兒童心智發展的發現之旅

過去的行為學派論點，帶給一般人們的印象是，初生的嬰兒像一張純白的紙，任由周遭的環境勾畫塗鴉。一直到近三十年來，由於認知科學的新興發展，心理學家提出不同以往的看法：人類擁有與生俱來完整且迫不及待展現的智慧潛能。正因為這樣的觀念，突顯出現代教育對兒童心智嚴重的忽略與扭曲。這三本專書中，不僅清楚呈現兒童心智的發展真貌，更試圖找出順應兒童本性的教育之道，讓我們的下一代可以在更合乎「童心」的學習環境中，快意成長。

A3160《超越教化的心靈》
Howard Gardner 著　陳瓊森 汪益 譯

A3175《天生嬰才》
Jacques Mehler & Emmanuel Dupoux 著
洪蘭 譯

A3182《兒童心智》
Margaret Donaldson 著　漢菊德 陳正乾 譯

作家系列【兒童成長篇】

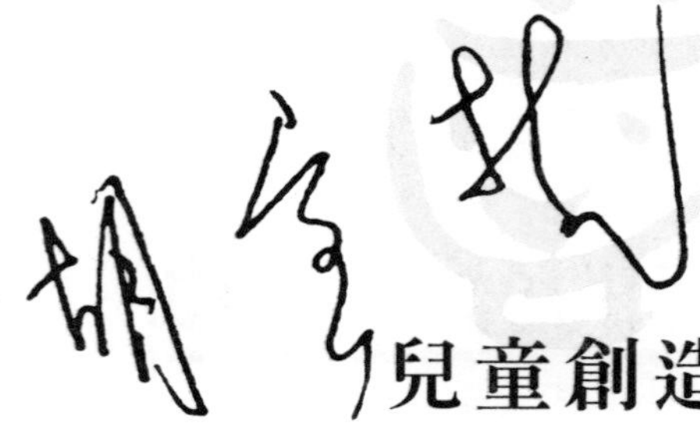

兒童創造力的教育專家

創造力與生俱來卻潛隱在某一角落，必須要透過適當的教育啓發而出。西方的現代心理教育學家已肯定了兒童在四歲前的智力發展潛能，理論上可達到一生的百分之五十，因此發展天賦的創造力，應從嬰兒開始。胡寶林教授這四本零~十歲的兒童創造力系列，提出兒童創造力教育應該是趨向完成自我的人格教育，而非只是才藝教育；兒童應依不同的天賦智能給予適當且多樣的後天啓發，透過戲劇、繪畫、立體造型、音樂韻律等培養，可幫助孩子處理感情、視覺經驗、觸覺、聽覺和身體動力的問題。使其在成長過程中，獲得整體的成熟；進而在未來的日常生活與思想活動中富有創造力。

A3061 戲劇與行為表現力
—— 愛扮演的孩子敢於流露感情

A3062 繪圖與視覺想像力
—— 愛畫圖的孩子眼光銳利

A3063 立體造形與積極自我
—— 愛做手工的孩子會積極生活

A3064 音樂韻律與身心平衡
—— 愛律動的孩子身心愉快